GRAZIA DELEDDA

AMES HONNÊTES

Roman familial

AVEC

PRÉFACE DE ROGER BONGHI

TRADUIT DE L'ITALIEN AVEC APPROBATION DE L'AUTEUR

PAR

Mme FANNY RIVIÈRE

LYON

LIBRAIRIE A. COTE, A. EFFANTIN, Successeur

8, place Bellecour, 8

1899

GRAZIA DELEDDA

AMES HONNÊTES

ROMAN FAMILIAL

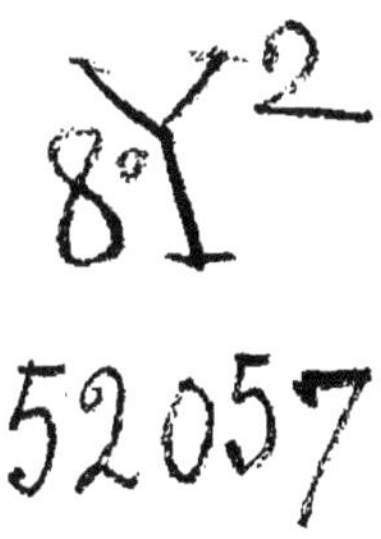

AMES HONNÊTES

Roman familial

AVEC

PRÉFACE DE ROGER BONGHI

TRADUIT DE L'ITALIEN AVEC APPROBATION DE L'AUTEUR

PAR

Mme Fanny RIVIÈRE

LYON

LIBRAIRIE A. COTE, Adrien EFFANTIN, Successeur

8, place Bellecour, 8

1899

PRÉFACE

Chère Deledda,

Je vous appelle *chère*, et pourtant je ne vous ai jamais connue ni même vue. Mais il y a une vision de l'esprit, plus perçante que celle des yeux, et vos lettres, si pleines de grâce et d'amabilité, me l'ont donnée à votre égard. C'est pourquoi je m'intéresse à vous ; comme conséquence infaillible, je veux vous seconder dans tous vos désirs, et même dans celui si modeste que vous m'avez exprimé, de voir votre Nouvelle présentée par moi au public. En vérité, je n'ai pas compris pourquoi vous le vouliez. Je n'ai écrit en ma vie ni Nouvelles ni Romans, ni je ne saurais, je crois, en

écrire. Même, je dois l'avouer, j'en ai lu et
j'en lis fort peu ; je ne me laisse pas prendre aux grands éloges que j'entends faire
parfois de celui-ci ou de celui-là. Ils me
paraissent, après les journaux, la chose
la moins sérieuse et la moins importante
du monde. Je ne crois pas, comme il est
naturel, aux faits imaginaires qu'ils ra-
content, et bien moins aux motifs imaginaires des faits. Elles me semblent énormes les prétentions des romanciers, qui
se donnent l'air d'être les seuls psycholo-
gues du monde et de le prouver en décom-
posant et recomposant la machine humaine à leur façon. Le plus souvent ce
sont des décompositions et recompositions
fausses et fantastiques ; mais cela pénètre
dans les âmes comme vrai, les énerve et
les affaiblit. Tout à coup il en apparaît un
qui crée, ou prétend créer, une nouvelle
école ; la dernière est toujours la plus puissante et la plus en vogue, jusqu'à ce
qu'une autre naisse, et chacune domine

tant qu'elle dure. En réalité, toutes n'ont d'autre objet que de réveiller et d'exciter le goût du public, en lui servant un nouveau mets. Romantisme, réalisme, psychologie, naturalisme, idéalisme, symbolisme, et que sais-je? sont les étendards qu'elles lèvent, espérant qu'une longue file de gens les suivra pendant un jour ou pendant un an. Prises dans l'ensemble, ces œuvres sont, surtout en usurpant, comme elles le font, une si grande place dans les littératures actuelles, une des plus grandes causes de la déchéance intellectuelle, morale et sociale de notre temps, et ce sera un grand bonheur lorsque, tôt ou tard, on se détournera d'elles, comme, pour s'y complaire, on s'est détourné des autres genres littéraires qui valaient et valent mieux.

Avec ces idées mélancoliques en tête et l'aversion qui en résulte pour romans et nouvelles, quelle autorité avais-je pour parler de votre livre? Pourtant, le tenir

de vous m'a donné l'envie de le con-
naitre, et j'ai pris plaisir à le lire. Après
avoir parcouru tous les feuillets je les ai
réunis, et je me suis demandé : Comment
dois-je qualifier cette Nouvelle ? De maté-
rialiste, idéaliste, réaliste, ou de quel adjec-
tif ? Je n'ai pas réussi à en trouver un qui
convînt à vos *Ames honnêtes*. Cela m'a
paru un grand soulagement. Ce sont vraiment des *âmes honnêtes* que vous peignez.
Il y a déjà là une nouveauté, digne de
louange, puisque ce sont de telles âmes
que les romanciers et les nouvellistes ont
coutume de peindre le moins. Celles-ci
nous sont montrées simples et non point
étonnées d'être telles ou secrètement dési-
reuses de ne pas l'être. Elles font ce que
toutes celles de leur rang et d'une égale
bonté sont habituées à faire. Elles n'ont
de la vie ni les grands enthousiasmes ni
les grands désespoirs. Elles ne trouvent
ni ne cherchent des abîmes pour y tomber.
Elles exercent des vertus utiles. Elles ne

sont rongées ni par la haine ni par l'envie.
La Nouvelle ne les conduit pas durant
toute leur existence, mais pendant cette
période de la jeunesse où leur sort n'est
pas encore décidé, sauf pour deux. La destinée de deux autres est indiquée, et alors,
après la lecture, la pensée les suit encore.
Le langage dans lequel il en est parlé, est
facile et presque toujours exempt de locu-
tions étrangères ; le style, coulant et sans
entortillements ou obscurité provenant
soit d'un mauvais jugement, soit de né-
gligences qui veulent paraître un art infini.
Le livre, en un mot, est écrit comme par-
lent les gens de bon ton, mais écrit d'une
façon moderne, parce que modernes sont
les gens que nous entendons parler aujourd'hui.

Il ne traite pas non plus de personnes
en dehors du monde. On voit où elles sont,
où elles vivent, leurs occupations, les
récréations qu'elles se donnent. Elles habi-
tent la Sardaigne, l'île qui a traversé les

siècles glorieusement, mais non toujours
avec bonheur, et envers laquelle nous,
Italiens, avons de grandes obligations. Il
n'est point dit que la Sardaigne soit le pays
des romans, mais c'est donné à entendre.
L'auteur n'a pas eu à le choisir, il était
tout trouvé, puisque vous êtes Sarde, aimable Deledda. Vous aimez votre patrie, et
de même qu'elle est votre première pensée, vous voudriez la voir bien avant dans
le cœur des Italiens, avec des preuves
d'une affection sincère et efficace. Là,
toute jeune, vous vous êtes adonnée aux
études qui font germer dans les esprits le
sentiment et le désir du beau, du bien et
du vrai. Vous croyez à cette trinité ; il faut
qu'on y croie, si l'on ne veut pas une vie
désolée, privée de signification et de but,
d'harmonie et d'espérance. Aujourd'hui,
beaucoup d'hommes et aussi, hélas !
beaucoup de femmes ne veulent pas
le comprendre, et ils se repentent,
trop tard, de leur erreur, dans l'aridité

de l'âme qui en est la conséquence.

Votre Nouvelle laisse une impression douce et bonne. Cela paraît aujourd'hui n'avoir aucune valeur aux yeux des écrivains et des femmes auteurs : c'est fâcheux pour les lecteurs auxquels ils s'adressent. Ils cherchent l'amusement de ceux-ci dans le nouveau qui, le plus souvent, n'est pas tel, dans la bizarrerie, dans l'effort, dans le laid, s'imaginant que la grandeur de l'art consiste à être au-dessus de tout et indépendant de tout. Comme si l'art n'était pas un élément de la société humaine et devait être placé en dehors d'elle, pour ainsi dire, sans aucun respect pour les effets moraux qu'il est en son pouvoir de produire. Semblable jugement est tout-à-fait faux et doit vous paraître tel ; c'est une pensée orgueilleuse et abjecte en même temps, qui vient d'une intelligence pervertie, parce qu'il n'y a pas de doctrine de l'esprit sur laquelle n'influe la bonté ou la méchanceté des âmes. Celles que vous

avez dépeintes délicates et honnêtes,
sont ainsi parce que votre âme est honnête et délicate.

Adieu, chère enfant, rappelez-vous, tant
que vous vivrez, ce vieillard auquel sourit
le soleil couchant, quand à vous sourit
l'aurore.

R. Bonghi.

Torre del Greco, 28 août 1895.

GRAZIA DELEDDA

AMES HONNÊTES

Roman Familial

L'arrivée

Après la mort de la vieille donna Anna, Paolo Velena ayant réglé les affaires les plus urgentes, prit avec lui sa jeune nièce et, comme il était convenu, la conduisit à Orolà, dans sa famille.

Orolà est une petite sous-préfecture sarde, dans la province de Sassari. Cité très-florissante sous les Romains, déchue ensuite pendant les incursions des Sarrasins, elle se releva sous la domination des Barisone, juges ou rois de Torres, et se maintint puissante jusqu'à l'abolition de la féodalité en Sardaigne, advenue dans la première moitié de ce siècle.

Dans le recensement des populations sardes fait par Arrius, qui visita les quarante-deux cités de l'île au temps du consul Marcus Tullius Cicero (116-43 av. J.-C.), Orolà figurait pour cent mille habitants, soit dans la ville, soit dans les châteaux et les villages circonvoisins, et Antonio de Tharros, au cours d'une relation des ravages causés par les Sarrasins, parle de grands vestiges laissés dans Orolà par les Romains, particulièrement de thermes magnifiques construits sous le préteur M. Azius Balbus. Maintenant Orolà ne conserve aucun souvenir de la domination romaine, si ce n'est dans les costumes et dans le dialecte latin, et le nombre de ses habitants est à peine de six ou sept mille. Son unique monument est Sainte-Croix, vieille église pisane de 1100, avec des fresques de Mugano, peintre sarde du dix-septième siècle.

De très-beaux paysages environnent Orolà, et des montagnes de granit ferment son horizon au levant et au midi, sous un ciel très-pur.

Parmi les personnes les plus considérées de cette sympathique et originale petite ville, étaient et sont encore les Velena, famille aisée descendant d'une branche de *principaux* sardes.

Les *principaux* sardes sont les familles puissantes et riches du peuple, assez civilisées et conservant, pour la plupart, le costume national.

Les Velena s'étaient peu à peu transformés en bourgeois. Sans être positivement des *messieurs* ils s'habillaient comme tels, et montraient un certain raffinement dans leurs habitudes, qui n'avaient rien de commun avec la vie et les préjugés du peuple. Ils ne se permettaient pas le luxe inutile d'un salon, mais toutes les pièces de la maison étaient trèsbien meublées ; les jeunes filles, tout en restant de bonnes ménagères sans prétention, suivaient la mode et fréquentaient la société élégante de la ville.

Un des fils était étudiant, l'autre s'adonnait à l'agriculture. Le chef de la famille, Paolo Velena, agriculteur lui aussi, comme tout bon propriétaire sarde, était surtout commerçant et industriel. Son frère Giacinto, au contraire, avait fait ses études. Muni de son diplôme de médecin, il fut envoyé dans un village du bas Logudoro, où il épousa une jeune fille noble mais peu riche. Ce mariage en amena un second entre Andrea Malvas, frère de la femme de Giacinto et une sœur des Velena. Celle-ci, délicate et nerveuse, mourut de saisissement, en donnant le jour à une petite fille, à la nouvelle que son mari avait été assassiné par vengeance de parti.

Annicca, la pauvre enfant née prématurément sous de si tristes auspices, resta donc près de sa grand'mère paternelle, la vieille donna Anna, femme sévère et triste, enfermée dans un deuil éternel, presque tragique, comme est le deuil dans les villages sardes. Après la mort des deux époux l'antique maison des Malvas resta fermée au soleil et à la joie ; jamais plus les parois ne furent reblanchies ; la fumée étendit un voile opaque et jaunâtre sur les murs et les meubles, sur les vitres et dans l'atmosphère. Annicca passa son enfance dans cette demeure étrange et silencieuse ; elle y grandit comme une petite fleur décolorée, une de ces fleurs jaunes et pâles qui poussent dans les lieux arides et incultes. Puis, un jour, donna Anna tomba malade et, malgré les soins affectueux de Giacinto, elle mourut bientôt. Alors Paolo Velena, appelé par son frère, accourut dans le village et décida de prendre avec lui la fillette. Giacinto avait beaucoup d'enfants et ne pouvait se charger d'Annicca.

Donna Anna laissait un patrimoine très-modeste, grevé encore d'hypothèques à la suite de plusieurs désastres.

Après une semaine d'ennuis, Paolo régla toutes choses le mieux possible et il partit avec Annicca.

La petite personne avait alors treize ans. Elle ne pouvait encore comprendre la gravité de son malheur et de sa position dorénavant anormale dans le monde. Même, lorsque le premier accès de douleur fut passé, quand elle eut bien pleuré la grand'mère qui avait été toute sa famille, elle éprouva un véritable plaisir à l'idée d'aller dans une ville, dans une belle maison pleine de monde, où il y avait des petits et des grands. Il lui semblait qu'à Orolà chacun dût être gai, heureux et bon. Annicca ne voyait pas autre chose et, naturellement, ne pensait pas à l'avenir.

Pendant le voyage en voiture la vue de la campagne, qui renaissait sous un tiède soleil de février, lui causa une sorte d'enchantement des yeux et de l'esprit. Elle n'avait jamais eu devant elle tant d'espace, tant d'azur et de soleil ; elle regardait presque craintivement son oncle, avec lequel pourtant elle babillait volontiers, lui demandant à chaque instant :

— Est-ce encore loin ? Mon Dieu, comme c'est loin !

Et elle poussait un soupir, un de ces bruyants soupirs d'enfants qui disent tant de choses.

Paolo lui répondait affectueusement.

C'était un homme bon et généreux, père de famille très-tendre et plein de dignité. En peu de jours la fillette lui avait inspiré une grande affection, et la croyant plus désolée qu'elle n'était en réalité, il avait toutes sortes d'égards pour elle. Il s'imaginait trouver sur son visage, plutôt un peu laid, une ressemblance marquée avec ses filles, surtout avec Caterina, sa préférée.

Durant le voyage il commença à lui dire quelque chose d'Orolà et de sa famille. Annicca ne se demandait point si elle serait bien accueillie, si elle ne causerait pas quelque embarras dans cette maison déjà assez peuplée et où chacun devait être très-affairé. Pour elle tout était clair et précis : on allait la recevoir avec joie et bienveillance.

Elle regardait les amandiers fleuris, désireuse d'aller cueillir un gros bouquet de ces jolies fleurs ; puis, la tête de Paolo attirait son attention, elle avait envie de lui demander pourquoi ses cheveux bruns étaient mêlés de fils d'argent, tandis que l'oncle Giacinto conservait encore les siens noirs comme l'aile d'un corbeau.

— Quel âge avez-vous ? lui demanda-t-elle tout-à-coup.

— Je suis très-âgé, dit-il, et un bon sourire éclairait son visage calme et un peu coloré, au fin profil, j'ai plus de quarante ans.

— Grand'mère en avait plus de soixante-dix.

Craignant que le souvenir de la défunte l'attristât de nouveau, Paolo détourna immédiatement la conversation et interrogea l'enfant sur ses études.

Annicca savait bien lire et écrire ; elle avait fréquenté pendant quatre ans l'école du village, et Paolo resta frappé de l'intelligence qu'elle montrait en rappelant les choses étudiées. Non, elle n'était pas si enfant que ses discours pouvaient le faire croire, ou du moins c'était une enfant spirituelle que son existence renfermée et triste n'avait pas rendue sauvage.

— Serais-tu contente d'aller à l'école à Orolà? demanda-t-il.

— Non. Ne sais-je pas déjà lire et écrire? Il vaut mieux qu'on me mette à coudre ou à souffler le feu.

— A souffler le feu! Et pourquoi?

Annicca ne sut l'expliquer. Au même instant elle vit une bécasse s'envoler d'un maquis, et elle commença à battre des mains en priant son oncle de tirer.

Il descendit de voiture pour lui faire plaisir et abattit deux oiseaux.

— Quel dommage, s'écria-t-il, de n'avoir pas mon chien avec moi! Il doit y avoir beaucoup de bécasses ici...

C'était un terrain marécageux, couvert de maquis de lauriers-roses et de sureaux.

Annicca voulut descendre aussi et sa robe fut bientôt couverte de boue.

— Grondez-moi, dit-elle, en revenant près de Paolo, j'ai fait la sotte... Ah! si ma grand'-mère était là!

— Ce n'est rien, répondit son oncle, ne te tourmente pas. Le soleil séchera tout.

Ils continuèrent leur voyage. Peu à peu Annicca s'endormit complètement dans l'angle capitonné de la voiture et, pendant le sommeil, Paolo l'entendit murmurer :

— Au moins nous portons le souper... Quel dommage que le chien n'y ait pas été !

Elle faisait allusion aux deux bécasses tuées peu auparavant.

Paolo la regarda affectueusement en pensant : Nous en ferons ce que nous voudrons, c'est une bonne petite.

Puis il se mit à causer avec le vieux conducteur.

Quand Annicca s'éveilla il était nuit close. Le coche était arrêté à l'entrée d'une cour, et au-delà du portail grand ouvert elle aperçut, à la clarté rouge d'une lumière, cinq ou six visages très-gracieux.

— Bonsoir, bonsoir, disait-on en chœur. Annicca descendit précipitamment et se trouva dans les bras d'une grande et forte fille, qui la porta presque au vol à l'intérieur de la maison.

Le portail fut refermé avec fracas et Annicca entendit la voiture qui s'éloignait sur la route. Seulement alors elle se réveilla tout-à-fait.

— Eh bien ! voilà notre petite donna Anna, dit Paolo s'adressant à ses filles et à sa femme.

Toutes s'empressaient autour de la nouvelle venue, pour l'embrasser et lui montrer qu'elles l'accueillaient vraiment avec plaisir ; elle les regardait d'un air presque effarouché.

Réellement il y avait trop de monde ; non seulement Maria Fara, la femme de Paolo, et ses sept enfants, mais encore deux servantes et une voisine, plus un gros chien et, installés sur la table, deux chats dont les yeux restaient fixés sur Annicca.

Nennele, le plus jeune des garçons, poussait des cris perçants dans son berceau, ses petites jambes en l'air, et Antonino, l'avant-dernier, grimpait derrière la chaise de son papa en criant :

— Que m'as-tu apporté ? Que m'as-tu apporté ?

— Je t'ai apporté cette nouvelle petite sœur. Va l'embrasser.

Au milieu de tant de bruit, Annicca, encore étourdie du mouvement de la voiture, demeurait interdite et sans parole.

Maria la jugea immédiatement laide et niaise. Elle paraissait, en effet, bien malingre et peu séduisante, dans sa robe d'indienne

noire et son petit fichu de laine noué sous le
menton ; avec son teint d'une pâleur olivâtre,
son profil irrégulier et sa bouche trop grande.
Elle avait les yeux et les cheveux châtains,
de grosses mains, de gros pieds mal chaussés, et l'aspect, en un mot, d'une petite villa-
geoise, d'une montagnarde. « Dieu sait comme
elle est mal élevée », pensa Maria, avec un
léger frisson de dégoût, à l'idée qu'Annicca
coucherait dans le lit de Caterina.

De son côté, l'enfant devenait de plus en
plus craintive sous le regard de sa tante, qui
était une grande femme robuste et très-belle
Paolo lui-même l'intimidait maintenant.
Mais, après le départ de la voisine, lorsque les
domestiques sortirent et que Paolo se retira
suivi de sa femme, Annicca put se faire une
juste idée du lieu où elle se trouvait et des
personnes qui l'entouraient. Antonino était
venu l'embrasser bien fraternellement.

— Comment t'appelles-tu ? lui demanda-t-il.

— Anna. Et toi ?

— Antonino, et celle-ci Caterina.

Il lui présentait sa sœur, en la tirant par
son tablier. Caterina atteignait sa dixième
année ; elle était brune, mince, avec des yeux
noirs très-vifs.

Annicca voulut alors savoir le nom et l'âge de tous.

L'aîné, Sebastiano, avait vingt ans ; le second, Cesare, qui se faisait appeler Cesario, était l'étudiant : il se trouvait là pour les vacances du carnaval. Plus grand que Sebastiano, bien qu'il eût deux années de moins, c'était un très-beau garçon, aux cheveux frisés, et portant binocle.

Venaient ensuite deux jumelles, de seize à dix-sept ans, Angela et Lucia : la première, grande et forte comme sa mère, la seconde, au contraire, petite, mince et délicate. Leurs visages ne se ressemblaient pas non plus.

— Es-tu bien fatiguée ? demanda Sebastiano, qui s'était approché d'Annicca, tandis que Lucia et Angela mettaient le couvert. S'adressant à Antonino, qui piétinait autour des chaises : — Va, lui cria-t-il, et fais attention à Nennele.

— Non, répondit Annicca, je ne suis pas lasse du tout. J'ai dormi pendant le voyage… Mais pourquoi ce bambin pleure-t-il ainsi ?

Elle se leva pour aller près du berceau.

— Mon Dieu, Lucia, regarde la belle tresse ! s'écria Caterina, en extase derrière sa cousine.

Maria Fara revenait à ce moment ; elle fut, comme ses filles, émerveillée des cheveux d'Annicca, qu'on n'avait pas encore remarqués.

C'était, en effet, une belle tresse, grosse comme le poing de Sebastiano et longue de plus de trois palmes.

— Mon Dieu, Notre-Dame, je n'ai jamais vu la pareille !... disait Caterina. Elle en ferait cinq, vingt ou trente comme la mienne...

— Eh ! dis plus de mille, clama Antonino.

Chacun toucha la tresse d'Annicca pour ne pas lui mettre le mauvais œil, après avoir dit, selon l'usage : Dieu la bénisse ! La fillette en rougit de plaisir.

— Pourquoi ce petit crie-t-il ainsi ? demanda-t-elle encore, et elle se pencha sur le berceau pour embrasser Nennele.

— Mon Nennele, pauvre Nennele, dit Caterina, en caressant les petits pieds mignons et roses du bébé. Mon Dieu, il est tout mouillé, maman...

— Que veut dire Nennele ?

— Emanuele. Tais-toi, mon petit cœur. Viens, maman, vers Nennele...

Caterina le prit dans ses bras et l'enfant se mit à sourire d'une façon charmante.

—Quel bel enfant! Qu'il est joli! dit Annicca, le couvrant de caresses.

Avant le souper, Caterina avait déjà appris beaucoup de choses à sa cousine : que Nennele avait quatorze mois et ses premières dents ; qu'il était très-beau mais pleurait toujours et voulait qu'on chantât pour l'endormir, et une foule de détails sur la maison.

La chambre où l'on se trouvait était la salle à manger, qui donnait sur la cour. Tout y était très-simple : les murs seulement blanchis, la longue table de noyer, les sièges massifs et les faïences du vieux buffet. Un grand brasero de cuivre, plein de braise, répandait une douce chaleur dans la pièce, qu'une grosse lampe éclairait gaiement. Annicca vit que ses parents étaient habillés avec quelque recherche et portaient d'épais vêtements de couleur sombre. La signora Maria, Angela et Lucia avaient des jaquettes de drap ; Antonino, un joli petit costume de marin, sa première veste de garçon ; la robe de Caterina disparaissait sous un immense tablier d'indienne bleue et Nennele en avait un semblable. Cesario était en babouches, ce qui faisait grand contraste avec son élégante chemise bien amidonnée et son lorgnon ; Sebastiano, très-différent dans sa mise, était chaussé de gros souliers et avait endossé une veste de futaine à doubles poches.

- Paolo venait de rentrer et prenait sa place à table.

— J'ai bien faim, et toi ? dit-il à sa nièce. C'est dommage que nous ne puissions manger les bécasses ce soir. Tu en as pris soin, n'est-ce pas ?

Annicca rougit de nouveau ; elle avait aussi grand appétit, mais elle n'osait l'avouer.

On la fit asseoir entre Caterina et Lucia. Nennele occupait sa haute chaise, et Antonino, enfoui dans une grande serviette, mangeait à un angle de la table, un peu loin des autres parce qu'il les taquinait. Ce n'était pas tous les jours que la signora Maria dinait et soupait dans une sainte tranquillité, mais ce soir, en l'honneur d'Annicca Malvas, aucun incident ne survint.

— Nous couchons ensemble cette nuit, disait Caterina ; tant mieux, parce que j'ai toujours froid. Je te montrerai les poupées demain ou ce soir....

— Eh ! c'est bien nécessaire ! s'écria Angela. Crois-tu faire d'Annicca une gamine comme toi ?

Caterina continua de babiller sans l'écouter.

De l'autre côté de la table, Paolo causait de choses sérieuses avec sa femme et ses fils; Antonino profitait de l'éloignement pour donner une bonne part de son souper aux chats, qu'il adorait et qui ne manquaient jamais de venir sous sa chaise.

Annicca riait volontiers, mais intérieurement elle se sentait bien triste. Il lui semblait que rien n'était aussi beau ni aussi amusant qu'elle l'avait rêvé.

Après le repas, les hommes s'en allèrent de différents côtés et les femmes se réunirent près du feu. Dans ce petit cercle restreint et plus intime, Annicca fut accablée de questions sur son existence passée, sur les coutumes du village, sur la femme du docteur Giacinto, et sur mille détails.

— Tu coucheras avec Caterina, répéta Maria Fara. Vous direz ensemble vos oraisons.

Un peu avant le couvre-feu, les deux fillettes, accompagnées d'Angela, montèrent à leur chambre.

— Dans le coffre qui est là, dit Angela, en posant son chandelier, nous mettrons demain tes effets.

— Oui, merci, répondit Anna.

— Ne sois pas si timide, reprit la jeune fille, tandis qu'elle aidait Caterina à se déshabiller ; il faut que tu le saches bien, Anni, désormais tu seras notre sœur.

— Oui, mesdames, affirma Caterina, déjà en chemise.

Annicca, toute rougissante, commença à se déchausser et Angela renversa les couvertures du lit, en répétant : Vous direz ensemble vos oraisons. Nous ne tarderons pas à monter.

— Vous couchez aussi là ?

— Oui, dans ce lit.

Annicca jeta un regard rapide sur la chambre, qui renfermait deux lits avec des couvertures bleues à fleurs, une commode et son miroir, espèce de toilette, une petite table, des coffres et des chaises, le tout d'une grande fraîcheur et très-propre.

— Que dis-tu pour oraisons ? demanda Caterina de son lit.

— Beaucoup de choses. Annicca se rappela les prières interminables que donna Anna lui faisait réciter, et le souvenir de sa grand'mère vint dominer toute autre impression.

Quand elle fut couchée, Angela prit le flambeau et sortit.

— Moi, dit Caterina, je dis trois *pater*, trois

ave et trois *gloria* à sainte Catherine de Sienne
et un *credo* à saint Antoine. Veux-tu les réciter avec moi? Je n'ai pas peur dans les ténèbres; et toi?

— Moi non plus, répondit Anna. En réalité
elle était fort troublée, dans cette obscurité
nouvelle et inconnue, dans ce grand lit froid,
aux draps lisses comme du satin. Sans la
voix fraîche et joyeuse de Caterina, elle aurait
pleuré amèrement. Le vent glacé des nuits de
février faisait grincer une girouette au haut
d'une maison voisine; en écoutant ce bruit
lugubre, Annicca frissonnait et songeait à la
chère morte avec une tendresse infinie. « Où
est-elle maintenant? A-t-elle froid? Pourquoi
suis-je venue ici ? » pensait-elle, tandis qu'elle
faisait le signe de la croix en même temps que
sa cousine. Elles dirent les prières à haute
voix, mais il était visible que Caterina n'y
mettait pas beaucoup d'enthousiasme. A peine
le credo fini elle demanda :

— Pourquoi as-tu des manches longues à
ta chemise ? Moi je les ai courtes, touche...

Sans attendre la réponse, elle commença à
dire le nombre de ses chemises et de ses vêtements. Annicca restait silencieuse. Elle aussi
aimait à parler, mais Caterina la dépassait de

beaucoup et babillait à tort et à travers ; par comparaison Annicca était une petite femme sérieuse. Et puis elle avait, à cette heure, de tristes pensées, bien que l'impression de la belle journée précédente persistât dans son esprit. Elle revoyait la campagne, les amandiers fleuris, la plaine, les maquis, la rivière, les bécasses, et la voix de Caterina lui semblait être celle de son oncle.

Tout-à-coup l'enfant se tut. Dans le silence profond de la nuit, le grincement de la girouette devint plus aigu et plus triste. Annicca ne pouvait dormir, parce qu'elle avait sommeillé en voiture presque toute la soirée, et maintenant, immobile, environnée de ténèbres, elle éprouvait instinctivement cette tristesse peureuse des enfants, dans un lieu étranger et parmi des gens inconnus. Lorsque le couvre-feu sonna — que les cloches étaient différentes de celles du village ! — la petite donna Anna ne put se maîtriser davantage et pleura. Caterina ne s'en aperçut point, car elle dormait profondément.

Les premiers jours.

Le lendemain était un jeudi ; donc Caterina
n'allait pas à l'école, elle avait vacance et
pouvait disposer de son temps pour faire connaître la maison à Annicca.

Le matin, chacun mangeait quand il voulait
et prenait son déjeuner comme il l'entendait,
froid ou chaud. On servit du café au lait à
Annicca, installée près du feu à la cuisine, puis
elle remonta dans sa chambre pour se coiffer.
Lucia, qui, pendant cette semaine, faisait à son
tour la toilette des enfants, voulait la peigner,
mais elle s'y opposa.

— Je le fais toujours moi-même. Si vous
voulez, je peignerai aussi Caterina.

— Comment peux-tu peigner tous ces cheveux ?

— Mais... avec le peigne : j'y suis habituée.

Elle se coiffa, en effet, avec la plus grande
aisance. Elle se servait d'une lacette pour

attacher ses cheveux sur la nuque, ensuite elle les tressait et rejetait en arrière la grosse natte, dont la pointe était toute frisée.

Lucia monta la valise d'Annicca et l'aida à tout ranger dans le coffre, les robes de couleur au fond, ensuite le linge, parfumé d'iris. C'était, en vérité, un bien modeste trousseau, de la lingerie mal taillée et mal cousue.

— Tout est là ? demanda Lucia agenouillée. Quels beaux petits bas ! Qui les a faits ?

— Grand'mère. J'ai laissé beaucoup de choses à la maison ; l'oncle Paolo m'a promis de les faire bientôt apporter.

— Qui est maintenant dans cette maison ?

— Personne. On ne sait pas à qui elle reviendra.

Pendant que Lucia mettait en ordre les derniers objets : fichus, tabliers, un gros livre de prières, un petit châle, Annicca la regardait attentivement. Oui, certainement, elle était plus jolie qu'Angela. Elle avait un cou délicat d'une blancheur extrême, le nez bien profilé et diaphane au point que les narines se teintaient de rose à la lumière. Et quels beaux yeux noirs ! De plus, elle était bien coiffée, et ses mains étaient si blanches et si effilées qu'Anna eut honte des siennes. Caterina vint

la tirer de cette contemplation pour lui faire
visiter les chambres, la cour, les galeries et le
jardin, ce qui prit toute la matinée.

A côté de la chambre des jeunes filles, il y
en avait une petite pour les servantes. La fenêtre était munie de barreaux et la porte donnait dans l'appartement de ces demoiselles ;
ainsi on ne pouvait avoir de communication
avec personne pendant la nuit.

Deux grandes chambres, à la suite l'une de
l'autre, étaient occupées par Sebastiano et
Cesario ; Antonino couchait près de son frère
aîné, parce que Cesario faisait l'aristocrate : il
voulait une chambre pour lui seul et ne permettait même pas qu'elle fût habitée en son
absence. Il y avait là une quantité de livres,
romans et journaux, et tout était imprégné
d'une forte odeur de cigare. Rien de semblable
dans l'autre pièce, sévère et simple comme
une cellule.

La chambre de Paolo et Maria était au premier étage, ainsi qu'une petite pièce où l'on
avait installé la machine à coudre et les jeux
des enfants.

Au même étage, une autre chambre très-
soignée, avec quelques meubles élégants, était
réservée aux hôtes de passage, c'est-à-dire,

aux amis des villages voisins. En Sardaigne on se reçoit ainsi réciproquement avec amitié et, cela va sans dire, gratuitement. Cette chambre servait aussi de salon quelquefois. Habituellement, les Velena recevaient les nombreuses personnes qui fréquentaient la maison, dans la salle à manger ou dans le bureau, autre pièce très-simple, située au rez-de-chaussée, où Paolo vaquait à ses affaires. Les visiteurs étaient, pour la plupart, des gens d'humble condition, amenés par raison de service : fermiers, gardiens de troupeaux, ouvriers et femmes du peuple ; il y avait aussi ceux qui venaient pour affaires ou comme acheteurs.

Derrière la maison étaient la cantine et les entrepôts, aux fenêtres garnies de solides barreaux et aux portes massives, qui donnaient sur la cour. Là aussi se trouvait la vaste cuisine ; plus loin, l'écurie et le jardin.

— Tu crois peut-être que nous restons ici? dit Caterina, arrivée au bout de l'enclos. Regarde bien. Nous enjambons le mur et nous descendons là-bas.

Annicca se pencha pour regarder.

Là-bas c'était la campagne : une pente aride, défoncée, couverte de roches et de buissons

épineux, et terminée par une haie de ronces ;
au-delà s'étendait la grande route.

— Tante Maria vous laisse aller ?

— Certainement. Ce terrain est à nous, donc
nous pouvons bien y aller ! Maintenant je vais
te montrer les bêtes.

— Le cheval ?

— Oui, et quel drôle cheval ! Viens, viens…

Elles revinrent sur leurs pas et tous les ani-
maux eurent leur visite : les poules et les pous-
sins, les pigeons, les petits chats, que Maramea,
leur mère, allaitait dans une mangeoire de
l'écurie, près du cheval noir de Sebastiano.

Caterina babillait sans cesse. Elle avait tant
de choses à dire ! tant de choses qu'elles finissaient par se heurter et se confondre dans sa
pensée.

— Eh ! Annì, ne touche pas le cheval, prends
garde qu'il te fasse mal. Vois, les poules font
leurs œufs ici. Sais-tu combien elles en font
chaque jour ? Beaucoup, beaucoup, plus de
seize. Qu'est-ce que nous en faisons, tu dis ?
Ah ! il y a du monde à nourrir dans la maison,
et les œufs sont bien nécessaires, tu le sais.
Je connais les œufs de cette poule-là et les
œufs de celle-ci. Chaque soir c'est moi qui fais
revenir les poules de la cour à l'écurie, en les

poussant avec un bâton. Elles sont toutes bien gentilles.

— Comment s'appellent ces petits chats? Oh! qu'ils sont jolis ! dit Annicca, et elle les touchait les uns après les autres. Ils ont pourtant les yeux encore fermés...

— Voici leur maman. Bonjour, Maramea! cria Caterina.

La belle chatte noire s'avançait silencieusement, attentive à choisir son chemin et secouant ses pattes de temps en temps. Quand elle eut rejoint ses petits, qui miaulaient désespérément, les deux fillettes retournèrent au jardin, où Sebastiano, armé d'un sécateur, taillait des rosiers. L'herbe commençait à pousser et les fleurs des amandiers, effeuillées par le vent, la recouvraient comme un petit tapis de neige parfumée. Le milieu de l'enclos était pris par la culture du colza, mais le long des murs, sous les amandiers reverdis, croissaient déjà d'autres plantes, baignées par la rosée. Les tiges des oignons, spécialement, semblaient avoir reçu une pluie de perles.

Sebastiano s'occupait seul du jardin. Il attendait maintenant que le colza fût vendu, pour piocher, sarcler et replanter ; ce qui ne l'empêchait pas de semer les premières fleurs, de tailler les rosiers et les buissons.

— Tu as mis les pieds ici ! cria-t-il à Caterina, dès qu'il l'aperçut, et il indiquait une plate-bande piétinée.

— Ce n'est pas vrai. Tu ne vois pas que c'est la marque des pattes de Maometto…

— Quels mensonges viens-tu me dire ? Ce sont tes pieds, j'en suis sûr. Fais en sorte que je ne t'y prenne pas, autrement je te coupe le nez avec les ciseaux que voici. Bonjour, Anna, as-tu dormi cette nuit ?

— Pas mal, répondit Annicca en rougissant. Merci.

— Merci de quoi ? demanda Sebastiano, les bras en l'air, et riant.

Annicca rougit encore davantage et disparut avec sa cousine.

Maometto était le chien, un grand beau lévrier, au long museau de velours, aux yeux expressifs comme des yeux humains. Une tache blanche, au milieu du front, se détachait seule sur le noir de son corps élégant.

Les deux promeneuses le trouvèrent dans la cuisine, où il jouait avec Antonino.

— Ecoute un peu, je veux te raconter quelque chose, dit Caterina à son petit frère, en l'attirant dans la cour. Depuis la rebuffade de Sebastiano, elle était devenue sérieuse et triste.

Ils restèrent longtemps dehors, conférant à voix basse, Antonino très-attentif, les mains croisées sur son dos. Annicca ne sut jamais ce qu'ils s'étaient dit. Pendant ce temps elle examinait la cuisine, regardait dans le four, inspectait les casseroles de cuivre bien reluisantes, pendues aux murs jaunis. Elle fit aussi plus intime connaissance avec les domestiques, dont l'une allumait les fourneaux, tandis que l'autre balayait. Rosa était grande et laide, une vraie perche habillée, Elena était petite. Celle-ci avait surtout pour emploi de garder Nennele.

En revenant à la cuisine, Caterina dit aux servantes :

— Vous devez appeler ma cousine donna Annicca, parce que c'est une demoiselle.

Annicca eut un sourire de complaisance ; toutefois, elle dit modestement :

— Ce n'est pas nécessaire pour le moment.

— Maman ne veut pas qu'on se familiarise avec les domestiques, murmura Caterina à l'oreille de sa compagne, quand elles furent dans la salle à manger. Ce sont des gens grossiers et qui disent toujours de vilains mots.

Angela, assise près du brasero, marquait

des bas. et la signora Maria habillait le petit Nennele, tout en le faisant rire et sauter. Lucia, après avoir mis l'appartement en ordre, cousait à la machine. On entendait distinctement le tic-tac, parce que de simples planches séparaient les étages, et la petite chambre se trouvait au-dessus de la salle à manger. Il était évident que l'arrivée d'Anna ne troublait en rien les habitudes de la maison.

A tour de rôle, Lucia et Angela étaient chargées pendant une semaine de faire la toilette des enfants et des chambres, et de mettre le couvert. Quand elles n'étaient pas occupées à cela, elles restaient au rez-de-chaussée, brodant, tricotant de petits bas ou raccommodant, promptes à se lever pour vendre au détail les produits du domaine : vin, huile, fromages, etc.

Cette semaine c'était au tour d'Angela à rester en bas. Pour ne pas tacher sa robe, elle avait mis un large tablier bleu, fait avec goût et orné d'un volant. Du reste, ni elle ni Lucia ne se salissaient ; elles avaient une telle pratique de la chose, qu'elles mesuraient le vin et l'huile sans en faire tomber une goutte sur leurs vêtements. Elles s'acquittaient de cette tâche vulgaire, mais lucrative, avec une sorte de dignité, et sans en être le moins du monde humiliées.

— C'est notre métier, disait Angela ; je voudrais passer l'année entière à mesurer de l'huile...

— Nous avons tout visité, dit Caterina, qui venait se chauffer les mains au brasero.

— C'est bien, répondit la maman. Es-tu contente, Annì ?

— Oui, très-contente.

La fillette s'assit près du feu et Maria se tourna vers elle. Elle ne la trouvait plus laide comme la veille, et elle s'apercevait qu'elle n'était pas non plus mal élevée.

— Etudie ta leçon, dit-elle sévèrement à Caterina.

Celle-ci était la chérie de tous, pour sa vivacité et à cause même de ses originalités ; néanmoins, on la traitait presque avec rigueur. Elle en pleurait quelquefois, se déclarant très-malheureuse. Elle craignait sa mère plus que son père, et Sebastiano plus que sa mère.

Elle ne se fit pas répéter l'injonction. Elle monta au premier étage, pendant qu'Annicca disait timidement :

— Donnez-moi à travailler maintenant.

Après s'être fait prier, Angela lui présenta une paire de bas et lui montra comment elle devait les marquer. Annicca prit le dé de Lucia et enfila une aiguille avec tant de bonne grâce que Maria Fara en fut enchantée.

Le lendemain vendredi, les demoiselles Velena et Annicca, accompagnées de Cesario, firent une longue promenade ; elles allèrent ensuite à la conférence religieuse, à Sainte-Croix, car on était en temps de carème.

Caterina, de retour de l'école, les rejoignit juste au moment où elles arrivaient au seuil de l'église, à la grande joie d'Annicca, qui put lui faire cacher dans son manchon un bouquet de marguerites, rapporté de la promenade.

— Jette-les, dit sèchement Cesario.

La petite place de l'église fourmillait de messieurs et de dames, qui se hâtaient parce que le dernier coup de cloche était sonné. Arrêtées sous le porche, les fillettes mirent plus de trois minutes pour introduire les fleurs dans le manchon, et le petit groupe attirait l'attention des arrivants.

— Je te dis de les jeter, répéta Cesario en élevant la voix. Il trouvait que ses sœurs demeuraient trop longtemps sous le regard des jeunes gens.

Lucia et Angela, au contraire, souriaient en échangeant des regards d'intelligence.

— C'est bien la dernière fois que je vous accompagne, murmura Cesario irrité.

Annicca rougit et devint toute tremblante; comprenant qu'elle était la cause de cette petite scène, elle eut envie de pleurer.

— Oui, jetons-les, dit-elle, mais déjà Caterina était dans l'église et plongeait sa menotte sans gant dans le bénitier.

Il était tard. Les chants finissaient et les sons de l'orgue allaient se perdre, comme un dernier écho du tonnerre, dans les antiques nefs. Annicca, ne sachant ce que c'était, fut encore plus troublée. Les jeunes gens, en assez grand nombre, s'étaient rangés en face du bénitier et de la chaire; en attendant le sermon ils bavardaient, regardaient les belles filles en costume du pays, agenouillées par terre, les demoiselles assises sur les bancs et les chaises. A l'entrée des Velena tous se retournèrent pour examiner les nouvelles venues, tandis que Cesario se mêlait à eux.

Jamais petites mains élégantes ne firent un signe de croix gracieux comme le fut celui de

Lucia et d'Angela, après que Caterina leur eut présenté l'eau sainte au bout des doigts. Quant à leur jeune cousine, elle était de plus en plus gênée dans ce monde nouveau. Habituée au recueillement des gens de son village, elle se demandait si sa présence pouvait vraiment exciter ce murmure confus de voix irrévérencieuses ; elle croyait être seule l'objet de l'attention générale.

Elles traversèrent l'église humide et grise, et ce ne fut pas sans peine qu'elles arrivèrent à leurs chaises. Difficilement aussi Annicca parvint à se calmer un peu. Elle n'osait lever les yeux. Qu'était-ce que ces personnages se détachant en couleurs plus ou moins vives sur le fond obscur des voûtes, avec certains contours d'un vert jauni par l'humidité? Ils semblaient regarder fixement la pauvre petite tête d'Anna, en disant : Qui es-tu ? d'où viens-tu ?

L'enfant s'enhardit et regarda au-dessus d'elle. Non, c'étaient des anges et des saints en peinture seulement ; comment pourraient-ils s'occuper d'elle et lui parler?

Sa curiosité grandit ; elle examina les larges fenêtres semi-circulaires, dont quelques-unes avaient des vitraux peints, ensuite les chapiteaux des vieilles colonnes, les hautes parois grisâtres et la nef centrale. Enfin son regard suivit lentement les cordes qui retenaient les lustres de cristal : ceux-ci lui donnèrent beaucoup à penser.

Son nom prononcé tout bas derrière elle l'arracha à cette contemplation et involontairement elle se retourna. Alors elle s'aperçut que les pauvres femmes assises ou agenouillées par terre montraient beaucoup de dévotion et de recueillement, mais que les dames et les demoiselles causaient entre elles, souriant et regardant de tous côtés.

Ces beaux visages poudrés avaient l'air moqueur et les yeux disaient bien des choses malignes, en inspectant à la dérobée les chapeaux et les robes. Les divers parfums qui flottaient dans ce petit espace, semblaient exhalés par des fleurs mauvaises. Annicca vit deux jeunes filles qui la toisaient en riant tout bas et, sans entendre les paroles qu'elles échangeaient derrière leurs manchons, elle éprouva le sentiment d'une grande humiliation. Pour la seconde fois en quelques minutes, elle eut peine à retenir ses larmes.

Ses cousines, mêlées aux personnes de leur rang, paraissaient avoir complètement oublié sa présence. Elles babillaient aussi à voix basse, serrant la main à quelques compagnes, et Annicca se trouvait seule et abandonnée.

Elle avait entendu Lucia dire à une autre jeune fille de son âge, placée derrière elle :

— C'est Anna Malvas, notre cousine.

— Elle demeure chez vous ?

— Oui, depuis avant-hier soir...

— Pourquoi est-elle habillée de noir ?

Un léger accès de toux, réprimé par une main gantée, empêcha Annicca d'entendre la fin du dialogue, mais sa confusion augmenta. Elle voyait sa petite robe noire, unie et sans grâce, faire tache au milieu de ces robes à garnitures bouffantes, aux couleurs vives ou délicates. Tout près d'elle il y avait une dame en manteau de velours noir splendide, garni de jais et de passementeries, et une petite fille dont le costume blanc était orné de peluche vert pré. Mon Dieu ! Mon Dieu ! comme en ce moment Anna se sentait malheureuse et laide sous le petit fichu de laine et avec ses cheveux relevés ! Pourquoi ne s'était-elle pas fait friser ? Pourquoi ? Ses cousines, également bien vêtues et si élégantes, devaient avoir honte d'elle maintenant. Elle se retourna pour adresser un regard suppliant à Caterina, mais celle-ci n'y prit point garde...

Heureusement, le son argentin d'une petite cloche se fit entendre au même instant ; le clergé vint s'installer sur les sièges rangés au pied du grand autel ; les séminaristes, qu'Annicca, abasourdie, prit pour autant de prêtres, malgré leur jeunesse, arrivèrent à leur tour ; de nouveaux messieurs et de nouvelles dames achevèrent de remplir l'église, et un merveilleux silence s'établit instantanément lorsque le prédicateur monta en chaire.

C'était un bel homme au teint coloré, et dont les traits rappelaient tellement ceux de Paolo Velena qu'Annicca se retourna de nouveau, cherchant les yeux de Lucia, comme pour l'interroger sur cette ressemblance. La jeune fille s'aperçut de quelque chose, elle allongea le bras pour toucher l'épaule de sa cousine, et elle dit :

— Reste tranquille...

La citation latine par laquelle le prêtre commençait son discours, fut dite d'une voix si terriblement profonde et sonore qu'Annicca eut un sursaut.

Au milieu du recueillement solennel de la foule, deux demoiselles seulement, assises un peu en avant d'Anna, s'obstinaient à bavarder et elle en fut scandalisée plus qu'on ne peut dire. Elle-même, immobile et la tête levée, devint très-attentive. Jamais elle n'avait vu ni entendu choses semblables.

La voix du prédicateur s'élevait sous l'immense baldaquin d'étoffe or ; elle remplissait l'église, tantôt douce et suave comme une cantilène, tantôt éclatante comme un ouragan ; elle montait et descendait, elle allait se perdre dans la pénombre des chapelles et revenait, répercutée par l'écho des nefs. Les anges et les saints de Mugano écoutaient du haut des voûtes et, à travers les vitraux azurés, un brillant rayon de soleil descendait sur quelques têtes juvéniles, les couronnant d'une auréole mystérieuse.

Le thème de la prédication était le Purgatoire. L'orateur se servait d'exemples anciens et modernes, il parlait des rites païens, des brahmines et des bouddhistes ; il invoquait l'autorité des conciles œcuméniques, de ceux, spécialement, qui se tinrent à Carthage et où l'existence du purgatoire fut solennellement affirmée. Il rappelait les arguments de protestants mêmes, des encyclopédistes, de Luther et de Mélanchton, de Voltaire et d'Erasme... et Annicca restait bouche bée, ne comprenant pas un mot. Elle avait seulement l'intuition de quelque chose de terrible, et lorsque le prédicateur cita, à propos des vanités humaines, l'exemple d'Isabelle d'Espagne, la plus belle femme du monde, qui, peu d'heures après sa mort, devint un objet d'horreur et d'effroi, même pour le très-courageux duc de Candie, tellement elle était décomposée, la pauvrette se repentit d'avoir envié toutes ces demoiselles frisées et bien habillées. Elle demanda pardon à Dieu de s'être trouvée fort malheureuse, parce qu'elle était mal vêtue et laide.

Ensuite, elle se lassa d'écouter, l'ennui la gagna peu à peu et elle finit par ne plus rien entendre du tout. Elle détourna la tête et fixa les yeux sur le fond très-doux des fenêtres, se rappelant la belle promenade à travers champs, le torrent, le pont, les pervenches et les marguerites, les chèvres qui broutaient sur la pointe des rochers.

Tout-à-coup, elle s'aperçut qu'un petit garçon s'appuyait fortement à sa chaise et qu'il tenait dans ses menottes une touffe de pâquerettes. Mon Dieu ! qui était-il, celui-là ? Caterina

4

avait-elle sorti les fleurs de son manchon pour les lui donner ?

Annicca fut sur le point de se retourner, mais elle craignit d'entendre de nouveau la voix de Lucia lui dire avec reproche : Reste tranquille...

Le petit bonhomme aux marguerites ne la laissa plus en paix. Il sautait en ébranlant la chaise, il se balançait et dansait. Heureusement, Annicca se souvenait d'être une enfant raisonnable, très-dévote, autrement elle lui aurait donné une bonne poussée. Soudain elle fut heurtée si fort qu'elle se retourna vivement, et que vit-elle ? Elle ne put s'empêcher de rire : l'impertinent était Antonino en personne, venu au sermon, lui aussi, avec une des servantes.

Après la cérémonie, Cesario, encore irrité de l'histoire du bouquet, planta ses sœurs à la porte de l'église ; elles durent se contenter de revenir à la maison avec la domestique.

Elles allèrent auparavant dans un magasin et choisirent une étoffe noire pour faire un costume à Annicca. Elles lui achetèrent aussi des gants et un fichu de soie, ce qui mit le comble à son bonheur. Au retour, elle commença à se pavaner, complètement oublieuse des impressions variées de la soirée, pendant que Caterina et son petit frère arrangeaient les marguerites, pilées et flétries, dans un verre d'eau, et que les sœurs aînées faisaient des remarques sans fin sur le sermon, le prédicateur et les assistants.

Quelques paroles seulement, échangées entre elles, attirèrent l'attention d'Annicca.

— As-tu vu Lucifer ?

— Si je l'ai vu !... Il s'en est allé avec Cesario... j'en suis contente...

— Silence ! dit Angela, en regardant autour d'elle.

Cela fit travailler l'imagination d'Annicca.

— Qui est Lucifer ? demanda-t-elle à Caterina, dès qu'elles furent seules.

— Mais... le démon.

— Le démon ! Est-ce possible? C'est l'amoureux de tes sœurs ?

Caterina la regarda, effrayée et offensée.

— Allons, ne me casse pas la tête !... Comment veux-tu qu'elles aiment le démon ?

— Mais si elles l'ont-dit, elles ?

— Quoi ? qu'elles aiment le diable ?

— Non, elles ont dit ça et ça.

Pour un peu, elles se seraient querellées. Finalement, elles arrivèrent à savoir que Lucifer était Gonario Rosa, un camarade de Cesario, sympathique jeune homme brun, que les deux jeunes filles avaient surnommé ainsi, précisément à cause de ses cheveux très-noirs. Quelques-uns allaient jusqu'à prétendre qu'il se teignait.

Le lendemain, samedi, grand nettoyage de toute la maison. On époussetait les sièges, les lits, les murs, les tapis et les couvertures. Angela balayait, la tête enveloppée d'un mouchoir blanc.

— Pourquoi ne laisses-tu pas cet ouvrage à une des domestiques ? demanda Annicca.

— Parce qu'elles ne sont pas soigneuses : elles balayent à grands coups pour avoir fini plus tôt, de sorte qu'elles enlèvent la poussière du plancher pour la mettre sur les murs.

Annicca voulut aider ; même, pour la première fois, elle entra dans les caves et vendit un litre de vin, toute fière d'avoir accompli une grande action.

Quand cette étourdie de Caterina n'était pas là, Anna se montrait une petite demoiselle sérieuse et posée, passionnée seulement pour

la maison et les soins domestiques. Avec sa
jeune cousine, elle redevenait enfant et parlait sans rime ni raison, riant ou s'attristant
pour des riens. Pourtant, elle ne se sentait pas
complètement heureuse avec Caterina.

La vie en famille

Cesario partit quelques jours après. Annicca poussa un léger soupir : on eût dit qu'elle était débarrassée d'un ennui.

Le fait est que Cesario, don Cesario, comme l'appelaient ironiquement les servantes, était un peu désagréable ; il détonnait même, comme un coup de pinceau trop hardi, dans le tableau calme et uniforme, doucement éclairé, de la famille Velena.

Il était hautain, orgueilleux ; il se croyait supérieur à tous et posait pour le sceptique... à vingt ans !

Il semblait prendre toutes choses à la légère, sauf ensuite à se mettre en colère à la moindre contrariété. Gare si les chemises de Monsieur n'étaient pas repassées d'une certaine manière, si son linge n'était pas d'une blancheur éclatante ! Cependant, il travaillait sérieusement et donnait beaucoup d'espérances.

Quoi qu'il en fût, Annicca éprouva un véritable soulagement après son départ et se sentit plus libre.

— Tu es fâché que Cesario soit loin ? demanda-t-elle à Sebastiano, un matin où elle se trouvait avec lui au jardin.

— Mais non. Il étudie; cette année, il se prépare à de sérieux examens.

— Que veut-il être ?

— Avocat, je crois... murmura Sebastiano, d'une voix légèrement ironique. A ce moment, il fichait un bâton en terre, près d'un chou magnifique, orné de son immense fleur jaune.

— Pourquoi mets-tu là ce bâton ?

— Parce qu'on laissera ce chou pour les semences.

— Comment se font-elles ?

L'aimable horticulteur expliqua patiemment à sa cousine ce qu'elle désirait savoir, puis Anna revint à son premier sujet de conversation.

— Et toi, pourquoi n'as-tu pas fait tes études ?

— Oh ! moi? fit Sebastiano distrait. Il quittait

à ce moment l'endroit où il avait creusé la terre, ses souliers couverts de givre.

— Oui, pourquoi ne t'es-tu pas fait avocat ? insista sa cousine.

— Parce que ça m'ennuyait d'étudier, dit-il, ne voulant pas donner d'autre explication.

— Il vaut mieux étudier que piocher.

— C'est ce que l'on verra. Toi, à table tu manges la salade et les asperges, non les livres...

Anna ne parut pas convaincue par ce raisonnement, mais en attendant, Sebastiano était la personne qu'elle préférait, même à son oncle.

Avec Caterina elle ne se trouvait pas complètement à l'aise, avec Lucia et Angela elle se sentait un peu triste. Elle était à cet âge où la compagnie des enfants ne suffit plus, et où les grandes filles intimident, parce qu'elles ne font pas attention à vous comme vous le désirez. Elles vous traitent encore en bambine et ne vous admettent pas dans leur intimité.

Anna n'avait donc pas de compagnes, à proprement parler, et Sebastiano, qui causait sérieusement avec elle, toujours disposé à lui faire plaisir, remplissait en quelque sorte le vide de son petit cœur.

Autant Cesario était prétentieux et altier, autant son frère était bon et modeste.

Parfois on oubliait sa présence, et cependant elle était très-utile. Il se contentait de tout, n'élevait pas la voix, ne se plaignait jamais. Sans aucune recherche dans sa toilette, il portait des chemises de couleur à cols renversés, un gros pardessus doublé d'écarlate antique et un chapeau mou.

Il avait l'aspect d'un artiste, et peut-être l'était-il, en effet, beaucoup plus que Cesario.

Toujours à cheval, il présidait aux travaux de la campagne, donnant aux mercenaires l'exemple de l'activité et mangeant avec eux le pain noir. Chaque semaine il visitait les fermes, les bergeries et les pâturages.

Paolo Velena, occupé à son commerce de liège et à d'autres trafics, abandonnait peu à peu le gouvernement du domaine à Sebastiano et celui-ci s'imposait doucement, insensiblement. Les gens de service, quand ils frappaient à la porte des Velena, avaient pris l'habitude de demander le signor Sebastiano et non le signor Paolo.

— Sebastiano par ci, Sebastiano par là, on dirait Paolo Velena déjà mort, disait le père, avec un sourire auquel se mêlait un peu d'amertume. Mais il s'absentait pendant des mois et Sebastiano commandait, se faisant respecter partout, excepté à la maison.

Il ne fréquentait pas la société élégante, il se plaisait avec les gens de sa classe, c'est-à-dire les *principaux*, qu'ils fussent vêtus du costume traditionnel ou, comme lui, d'habits bourgeois. Il restait peu à la maison et, dans les quelques heures qu'il y passait, il jardinait ou expédiait la correspondance de son père.

Anna le poursuivait de sa compagnie et de ses questions, parfois indiscrètes, jusque dans le bureau, comme on appelait le cabinet de travail de Paolo. Cette chambre, encombrée de registres et de codes commerciaux, de bulletins, de papier à lettres portant l'en-tête : *Paolo Velena, commerçant*, et de papiers d'administration, exhalait souvent une odeur peu agréable, laissée par les charretiers, les manœuvres et les charbonniers. Malgré cela, Anna aimait à y venir. Elle trouvait là quelque chose d'inconnu qu'elle ne cherchait point à définir. C'étaient peut-être les traces du labeur et de la peine, la pensée du gain acquis à force de fatigue morale et de soins assidus.

— Sais-tu combien d'argent a passé sur cette petite table ? lui disait Sebastiano ; tu ne

peux te le figurer. Si je l'avais je coloniserais
la Sardaigne.

— Qu'est-ce que cela veut dire?

— Eh ! tu ne comprendrais pas. Fais-moi le
plaisir de me laisser écrire cette lettre.

Il lui disait cela si gracieusement qu'elle
s'en allait faire danser Nennele, en répétant
une chansonnette en dialecte.

A propos de Nennele, Anna fut si contente
le jour où elle endossa son costume neuf,
qu'elle voulut témoigner sa reconnaissance.

— Pourquoi ne renvoyez-vous pas Elena ?
demanda-t-elle à sa tante.

— Quelle idée ! Elle t'a peut-être offensée ?

—Non, mais puisque je suis là pour soigner
le petit, qu'y a-t-il besoin d'elle ?

— Cela ne t'ennuiera pas ?

— Par exemple ! Renvoyez-la, tante...

Elle éprouvait le besoin de se rendre utile,
dans cette maison qu'elle commençait à considérer comme sienne.

— Nous verrons, répondit Maria Fara.

A mesure que les jours passaient, Annicca
oubliait les impressions de son enfance.
Donna Anna, la vieille maison jaune, le village,
le son des cloches, les antiques visions, tout
s'éloignait peu à peu et disparaissait. Chaque

heure de sommeil aidait à l'oubli. Quelquefois, s'éveillant en sursaut, Anna revivait pendant un instant sa vie d'autrefois ; il lui semblait être couchée avec sa grand'mère dans la chambre obscure ; elle se rendormait bientôt et, au matin, la réalité effaçait les sensations de la nuit. Ainsi s'évanouit le peu de nostalgie éprouvée durant les premiers jours, et Annicca redevint ce qu'elle était auparavant, une fillette enjouée, d'une gaieté non bruyante mais souvent spirituelle. Elle ne rougissait plus quand on lui adressait la parole ; elle ne se confondait plus en remerciements ; elle prenait paisiblement sa place bien distincte entre les dix ans de Caterina et les seize ans des jumelles.

A l'église, les sons de l'orgue et les rites liturgiques ne l'étonnaient plus, les dames ne l'intimidaient pas comme le premier jour. Tout au plus continuaient-elles à la scandaliser par leur maintien, qui, pendant les cérémonies de la semaine-sainte, fut plus inconvenant que jamais. Ce n'était pas le deuil de ce temps solennel ; au contraire, un frémissement de satisfaction passait dans la foule. On se poussait, on bavardait et on riait ; les messieurs et les officiers se mêlaient aux dames, et certainement bien peu écoutèrent la voix lugubre du prédicateur.

Anna était dévote ; tout cela la froissait et lui faisait peine. Dans une tenue parfaite,avec sa robe neuve, ses gants et une collerette de crêpe, elle s'appliquait à écouter bien attentivement les instructions, ou à lire les psaumes dans son gros livre de prières.

Elle était arrivée à prendre un empire relatif sur Caterina ; elle la faisait asseoir près d'elle et lui enjoignait d'être recueillie, la menaçant, si elle ne lui obéissait pas, de se plaindre à Sebastiano.Caterina regardait avec envie les enfants qui couraient par l'église,mais elle demeurait silencieuse et tranquille.

Pendant cette semaine on alla à confesse et Anna, qui avait fait sa première communion, s'approcha de la Table sainte. Antonino aussi se confessa : il s'accusa, entre autres choses, d'avoir tué trois lézards et enterré vif un grillon.

Le plus beau fut que Caterina, agenouillée près du confessionnal,entendit toute la confession de son petit frère ; à peine de retour à la maison, après avoir baisé les mains à tous, elle la débita. Ce fut un tapage d'enfer ; Antonino pleura et sa mère donna une forte semonce à Caterina.

Tout ceci ne put troubler la paix mystique qui remplissait l'âme d'Annicca, encore en extase. Assise au soleil, elle tricotait une chaussette et récitait sa pénitence.

Le soir, à souper, elle renouvela la proposition de renvoyer Elena, mais son oncle s'y opposa formellement, et il sourit en pensant que ce devait être un effet de la confession. Le prêtre avait sans doute recommandé à Annicca de devenir utile à sa famille.

Paolo Velena, comme sa femme et ses filles, professait ouvertement des sentiments religieux. Cesario, au contraire, posait pour cela ainsi que pour toutes choses, et répétait les phrases des journaux anticléricaux, sans peut-être les comprendre. Sebastiano ne soufflait mot, ou, si on l'interpellait, il disait en souriant qu'il était socialiste, lui : de même qu'il désirait le travail et le bien-être pour tous, il voulait qu'on respectât les opinions intimes de chacun.

Le vendredi et le samedi on ne mangeait point de viande dans la maison Velena.

Le soir du jour de confession, le jeudi-saint, il y avait sur table, pour souper, d'é-

tranges choses : de la morue frite et des noix,
une salade, du thon à l'huile et du vin cuit
pour tremper le pain. Les femmes, comme
presque toutes les Sardes, buvaient très-peu
de vin.

Habituellement, après le repas les uns
lisaient, les autres jouaient aux cartes : ce
soir-là, personne ne voulut jouer, parce que le
jeu de cartes, même sans pari, est considéré à
Orolà comme un léger péché.

— Mais pourquoi ne veux-tu pas te rendre au
désir d'Annicca ? demanda Maria Fara à son
mari, quand ils furent dans leur chambre, et
tandis qu'elle posait bien doucement Nennele
endormi dans le grand lit blanc.

— Tu ne vois donc pas que c'est une petite
fille délicate, une enfant ? Comment veux-tu
qu'elle supporte la peine que donne le petit ?
Elle a encore besoin de jouer et elle en a envie
aussi, je crois. Et puis, le porterait-elle à la
promenade, comme fait la bonne ?

— Pour cela il y a Rosa...

— Non, laissons les choses comme elles
sont. Aujourd'hui Annicca parle ainsi, un

autre jour elle pourrait nous reprocher d'avoir fait d'elle une domestique.

— Je ne le pense pas, répondit Maria, un peu contrariée. Elle est d'un bon naturel.

— Raison de plus pour ne pas en abuser, observa Paolo, en remontant sa montre, comme il le faisait chaque soir, et la mettant dans le porte-montre brodé.

Maria éteignit la bougie et alluma la veilleuse, placée dans la cheminée pour éviter les accidents.

Dans cette demi-obscurité, où la blancheur du lit se détachait avec un grand air de repos, Maria eut le courage d'exprimer à son mari le désir qu'elle avait elle-même d'économiser les frais d'une bonne, puisque c'était possible.

Maria Fara était encore une très-belle femme, brune, grande et forte, tandis que Paolo était plutôt petit et délicat. Il adorait sa compagne, mais ne se laissait point dominer par elle. Il ne lui disait pas tous les secrets de son commerce, et ne lui donnait pas toujours raison. De cette manière l'accord était parfait. Maria avait pour son mari plus d'estime et de respect, et cette crainte intime qui fait apprécier davantage une épouse.

— Mais non ! s'écria Paolo, d'un ton un peu

àpre. Tu crois peut-être qu'Anna est à notre charge ?

Il lui expliqua ensuite plus doucement que dans l'héritage de donna Anna il y avait une forêt de chênes, qui pouvait échoir à Annicca. En rasant ce terrain actuellement improductif, il serait facile de le cultiver.

— Je mettrai dans mon commerce le petit capital produit par la vente des arbres, et il procurera certainement à Anna de quoi vivre honnêtement. Tu comprends...

Maria comprit et n'insista plus.

Pendant que l'on causait sérieusement d'elle, Anna priait dans son lit, et Caterina pensait aux *filles d'œuf* qu'on a coutume de faire à cette époque.

En effet, le samedi on chauffa le four, et Maria, aidée de ses filles et des domestiques, fit le pain et les gâteaux de Pâques. Les *filles d'œuf* étaient d'étranges figurines de pâte, en forme de poupon langé, avec un œuf pour tête et deux ou trois amandes plantées le long du dos.

Lorsque, dans la soirée, un prêtre vint bénir la maison, on lui donna des pâtisseries et des œufs, et on mit quelques pièces d'argent dans le petit seau d'eau bénite.

Caterina prit un peu de cette eau et la jeta dans le puits, en disant :

— Ainsi toute l'eau est bénite et elle ne manquera jamais.

Le jour de Pâques on envoya des gâteaux à Cesario, et Sebastiano tailla la vigne de la tonnelle. Le jardin était à présent tout replanté ; dans les sillons réguliers où tremblotaient les petites plantes d'herbages, le givre brillait sous un riant soleil, et les amandiers étalaient leur feuillage d'un vert tendre. Le bon Jésus, qui, pendant l'hiver, couvre le toit du pauvre d'un épais tapis de mousse, ressuscitait maintenant dans la joie des aubépines écloses et des fleurs de pêchers, qui se dessinaient comme des bouquets de roses sur l'azur profond du ciel.

Lorsque le carême fut passé et que revinrent les tièdes journées d'avril, Caterina et Antonino recommencèrent à jouer follement, dans le jardin et plus loin, sur la pente qui menait à la grande route. Annicca s'amusait avec eux : le printemps semblait la ramener aux jours de son enfance.

D'une heure à deux et de quatre heures à la tombée de la nuit, Antonino, Caterina et Anna devenaient invisibles.

Où sont-ils ? Où ne sont-ils pas ? Maria Fara allait au jardin et les appelait à haute voix. Quelquefois Caterina répondait et sa tête mignonne apparaissait au-delà du mur, à travers un buisson d'aubépines déjà à moitié dépouillé de ses fleurs, mais on ne rentrait pas.

Ce terrain sauvage avait un charme inconnu. De la route on voyait très-bien les trois follets; ils couraient, cheveux au vent, grimpaient comme des chèvres, et ne se faisaient jamais de mal. Le soir ils revenaient avec des vêtements troués, des ongles pleins de terre et des souliers déchirés. Remontrances ou corrections, rien n'y faisait.

Il y avait là-bas une espèce de grotte; ils y allumaient du feu et cuisinaient. Ils goûtaient, invitaient les amies qui passaient par hasard sur la route, ou bien Caterina et Antonino ramenaient de l'école deux ou trois camarades. Dîners, soupers, parties de chasse, représentations et jeux, se succédaient sans relâche. Ils chantaient en chœur, disaient la messe ou célébraient des funérailles.

Parfois Anna se lassait : elle se montrait tout-à-coup de mauvaise humeur et s'en allait, les cheveux tout ébouriffés, s'asseoir sur le mur, d'où elle dominait la scène; pendant que Caterina, prise d'une gaité folle, sautait, criait, voltigeait de droite et de gauche.

Presque chaque jour des disputes éclataient, ou entre Antonino et sa sœur, ou entre celle-ci et Annicca; l'un d'eux venait alors à la maison en pleurant, mais, comme personne ne lui donnait raison, il finissait toujours par retourner à ses jeux.

— Ils n'étudient pas, ils ne travaillent pas, ils ne pensent à rien, disait la signora Maria, désolée. Ils ont même gâté Anna, qui, lorsqu'elle est venue, paraissait une petite femme faite.

Anna, il est vrai, après s'être vantée de faire un bas en huit jours, en avait commencé un depuis plus d'un mois et était loin de l'avoir fini.

Ni le soleil ni la chaleur étouffante de l'été ne purent calmer les trois jeunes fous. Les passe-temps de l'hiver étaient complètement oubliés; plus de jeux de cartes, de dames ou de dominos. On ne s'occupait pas plus des petits chats, des poules, du chien, même des poupées, que s'ils n'avaient jamais existé.

Au risque d'attraper quelque maladie, la petite bande se tenait toujours dans le lieu favori, même de nuit, maintenant que les soirées étaient claires, chaudes et parfumées.

A l'approche des examens il y eut un peu de trève, et Caterina, devenue sérieuse et préoccupée, ne parla plus d'autre chose. Elle réussit tant bien que mal, sans éloge ni blâme; Antonino, ainsi qu'il était facile de le prévoir, échoua. Il rentra à la maison, pâle comme un mort.

— C'est bien! lui dit froidement son papa. Tu pourras faire un bon prêtre...

Il devint livide. La menace de le faire entrer dans les ordres était pour lui quelque chose d'épouvantable. Il promit d'étudier pendant les vacances, mais trois jours après, *Tele'e gardu*, comme on appelait le terrain de prédilection, résonna plus que jamais de ses éclats de rire, de la musique de ses chalumeaux et du cri strident des grillons faits prisonniers.

Lorsque Cesario revint pour les vacances, au mois de juillet, il vit qu'Anna était parfaitement habituée à la maison. Ni lui ni aucun autre ne l'intimidaient plus, et il en causa avec sa mère, dont il était le benjamin. Maria lui expliqua les projets de Paolo par rapport à l'héritage de sa nièce, et comment celle-ci aurait une petite fortune personnelle.

— Pourvu qu'elle ne prenne pas de l'arrogance, dit l'étudiant.

— J'espère que non.

Peu de jours après, Cesario dit :

— Je m'aperçois qu'Anna s'entend très-bien avec Sebastiano. Elle finira par se marier avec lui...

Maria Fara secoua la tête. On voyait bien qu'Anna avait des instincts plus raffinés ; elle préférerait un employé à un propriétaire agriculteur, tel qu'était Sebastiano, et celui-ci ferait mieux aussi d'épouser une femme robuste, fût-elle une paysanne riche et ignorante.

— Avec toi ce serait mieux, observa Angela, présente à la conversation.

Cesario sourit ; il avait déjà une amourette avec une jeune fille noble de Cagliari, une vraie demoiselle, qui lui écrivait sur du papier fleuri et parfumé.

C'était, d'ailleurs, une passion superficielle comme tous les sentiments de Cesario, lequel devenait toujours plus sceptique et plus beau, avec son visage d'une pâleur dorée, sa petite moustache naissante et l'élégant binocle, qui

cachait ses grands yeux sombres de myope.
A Orolà il s'ennuyait à périr. Il trouvait les
gens arriérés, stupides, et il restait enfermé
seul dans sa chambre pendant des journées
entières, perdant la fraîcheur de ses impressions juvéniles dans la lecture des romans de
tous genres, qui le plongeaient dans des songes extraordinaires et irréalisables.

Ces rêveries, c'est-à-dire, la vision obsédante d'un monde différent, sans les médio-
crités de l'existence ordinaire de ceux qui
l'entouraient, étaient la cause de son pessi-
misme et de sa fatuité.

Quant à Sebastiano, il devenait, physiquement, un jeune homme vigoureux, aux épaules herculéennes de campagnard élégant, et,
moralement, il restait un enfant calme et
satisfait.

Il n'était pas joli comme Cesario, mais les
veilles et l'étude ne mettaient pas un cercle
bistré à ses yeux noirs, vifs et limpides; son
corps musculeux annonçait la santé et la force,
que l'on pouvait lire sur son front bronzé, sur
ses lèvres de pourpre laissant voir deux ran-
gées de perles quand il souriait.

La vie s'écoulait monotone et calme. Il y
avait certaines après-midi, lorsque les fené-

tres restaient closes et que tous faisaient la sieste, où la maison semblait inhabitée.

Pendant les journées accablantes du mois d'août, Lucia et Angela finissaient par s'ennuyer; Caterina et Antonino vaguaient par la maison comme des âmes en peine; Anna, étendue sur une table, sous la tonnelle, demeurait immobile, les yeux fermés, complètement anéantie par une inexplicable lassitude.

Sebastiano sortait à cheval, le matin de bonne heure, et rentrait le soir. Alors, pour les petits et les grands, un nouveau souffle de vie semblait passer dans les corps abattus par la chaleur. La cour apparaissait toute blanche sous le pâle regard de la lune, les portes et les fenêtres étaient ouvertes à la fraicheur de la nuit,et Caterina poussait de petits cris de joie.

Le cheval piaffait sur le pavé de la cour, tandis que Sebastiano allait baigner dans l'eau fraiche son visage couvert de poussière. Le secret de la douce allégresse revenue avec le voyageur, était dans les corbeilles de jonc que renfermait la besace blanche à fleurs rouges. Sebastiano les rapportait toujours remplies des premiers fruits, abricots et prunes, figues, mûres blanches ; il y avait jusqu'à des grappes de raisins.

C'était l'époque de la récolte des amandes, une des plus productives, et Sebastiano se lassait plus que jamais, présidant et aidant à la cueillette.

Il revenait las à mourir ; après le souper, il se couchait et s'endormait profondément.

Cesario lui portait envie et quelquefois aussi se reprochait de dépenser tant d'argent, pendant que son frère travaillait comme un mercenaire.

Un jour, il voulut expérimenter la vie de campagne ; il monta à cheval et partit avec Sebastiano. La vue des gens qu'on employait à la récolte des amandes, pauvres affamés couverts de haillons, mangeant du pain sec, l'émut un peu et lui fit juger sa position mille fois heureuse en comparaison de la leur. Puis, l'ennui le gagna. Le soleil dardait ses rayons brûlants à travers le bois poudreux des amandiers et desséchait la terre. Dans la chaleur torride de l'après-midi, les champs pleins d'épis sauvages très-piquants, de chaume, de chardons couverts d'une mélancolique floraison violette, prenaient à ses yeux un aspect horriblement désolé et aride.

Cesario pensa avec regret à sa chambre fraîche et silencieuse, et la vue de Sebastiano, perdu dans la foule de ces pauvres gens courbés sur le sol, l'attrista profondément. Alors il s'éloigna ; il erra sous le soleil et chercha la rivière, dont les bords couverts de sureaux, de lauriers-roses et de fougères lui donnèrent une impression de soulagement. Mais il eut la malheureuse idée de se plonger dans l'onde argentée, qui semblait rire au soleil et attirer le jeune homme par un charme singulier. Cesario prit les fièvres et, depuis ce jour, tout instinct campagnard, en admettant qu'il en eût hérité de son père et de ses aïeux, s'éteignit en lui.

Trois ans après.

A l'âge de dix ans, Sebastiano était tombé dans un fossé et s'était brisé l'os du médium de la main droite. Il en était résulté une petite infirmité, qui le libéra du service militaire, malgré son corps vigoureux et sain.

Cesario fut donc obligé de servir à sa place, et pour cela d'interrompre ses études, car il ne s'était pas encore présenté aux derniers examens.

Il souffrit d'abord atrocement. Il écrivait des lettres désespérées ; sans les subsides envoyés par sa mère, et qui lui permettaient de vivre plus luxueusement peut-être que ses chefs détestés, il aurait fait quelque folie.

La discipline et les marches forcées le consumaient sans le dompter. Il était parti ayant encore les fièvres, il revint en permission presque moribond, et il y eut un moment où l'on craignit pour sa vie. Il obtint de ce fait un congé de trois mois pendant l'été suivant.

Il se rétablit enfin peu à peu ; il passa sous-officier, puis officier-adjudant, et alors les épaulettes le transportèrent de joie.

Durant un nouveau séjour qu'il fit à Orolà, Cesario eut beaucoup de succès. Il était d'une étrange beauté, pàle, mince, avec les yeux enfoncés et toujours énigmatiques derrière le cristal brillant de son lorgnon d'or.

Le tintement métallique de son long sabre causait un frémissement à toutes les belles filles de la cité, si bien que Gonario Rosa, le compagnon, l'ami inséparable de Cesario, était éclipsé par lui. Pourtant Gonario, très-riche et très-beau, avait toujours passé pour un conquérant. Cesario eut pendant quelques jours l'idée de suivre la carrière militaire, en se rendant à l'école de Caserte pour étudier et devenir officier effectif, ou bien de faire rapidement ses études en médecine, pour être médecin militaire.

Mais tout-à-coup il devint amoureux d'une jeune fille... pauvre. Malgré sa pose et son scepticisme, Cesario s'enamourait facilement, oubliant les unes pour les autres. Cette fois il fut tellement épris qu'il abandonna ses projets brillants et ambitieux. Fournir lui-même la dot, il n'y pensa pas une minute : tous les biens auxquels il pourrait prétendre, n'arriveraient pas au chiffre voulu, et puis sa famille ne consentirait jamais.

Il renonça à la carrière militaire, avec regret et plaisir en même temps, et il redevint étudiant. Comme il avait conquis son diplôme durant le service, il se fit inscrire à l'Université, pour suivre les cours de jurisprudence.

Ce fut à l'instigation de Gonario Rosa qu'il prit cette détermination, après beaucoup d'hésitation. Il partit pour Rome ; dans sa famille, on fit encore plus d'économies pour lui, et les espérances grandirent.

Rien de particulier n'était survenu dans la maison Velena, depuis trois ans ; l'existence y était toujours la même. A vingt ans, Lucia et Angela continuaient à faire ce qu'elles avaient fait à dix-sept. Caterina, retirée de l'école, n'était pas devenue plus raisonnable ; ses robes courtes s'envolaient chaque jour dans *Tele 'e gardu*, et ses rires montaient jusqu'aux nues.

Antonino, grandi, avait alors dix ans ; il paraissait un peu plus sérieux, mais avec le même entrain pour s'amuser, et Nennele lui tenait compagnie.

Anna seule, donna Anna, comme l'appelaient les servantes, avait changé ; elle s'était transformée en jeune fille et ne jouait plus. Cependant le contact de Caterina ne lui permettait pas encore d'être constamment sérieuse et posée. Elle s'oubliait parfois ; elle descendait dans *Tele 'e gardu*, pour y apporter sa part de folle gaîté ; mais elle se repentait bientôt et prenait de belles résolutions.

C'était la douceur et la bonté mêmes, comme Sebastiano, à vingt-cinq ans, était la force, la jeunesse et l'honnêteté personnifiées.

Toutefois, ils n'étaient plus d'accord comme aux premiers temps. A présent, Caterina était l'objet d'une prédilection particulière de la part du jeune homme et, à certains jours, il ne paraissait même pas s'apercevoir de la présence d'Anna.

Pour la fillette toutes les attentions, tous les sourires. Sebastiano lui réservait les fruits les plus savoureux ; il la prenait en croupe et parcourait la campagne avec elle ; à table, il la servait et lui présentait les meilleures parts. Quelquefois encore, il la conduisait à la promenade et lui offrait des sorbets, pendant les soirées d'été, ce qu'il ne faisait ni pour Anna ni pour ses autres sœurs.

Anna voyait tout cela, mais ne se plaignait point ; n'était-il pas son cousin seulement? Elle n'arrêtait même pas sa pensée sur ces choses, ou, si elle faisait quelque comparaison avec les manières d'autrefois, elle approuvait Sebastiano, se disant qu'il aurait pu exciter la jalousie de sa mère et de ses grandes sœurs.

Anna voulait se rendre utile et ne donner aucun sujet de peine à personne. Avec le temps, elle s'était formé une juste idée de sa position, et comprenait tout fort bien ; elle voyait qu'on l'aimait et qu'elle était traitée comme une véritable enfant de la maison.

Paolo Velena l'affectionnait peut-être plus que ses propres filles, plus que Caterina. Un travail aride et continu le vieillissait avant l'âge. Ses cheveux blanchissaient rapidement et se faisaient rares ; une pâleur d'ivoire, causée par la lassitude, remplaçait parfois les fraîches couleurs de son visage, et il y avait des jours où, après une course à cheval, une longue absence ou des heures passées à écrire, il paraissait avoir soixante ans.

Dans ces moments-là, Anna le réconfortait.

Les filles de Paolo l'entouraient de soins, mais elles restaient timides avec lui, n'osaient pas le regarder librement, éprouvant, comme

leur mère, une sorte de crainte respectueuse
et tendre. A sa nièce, au contraire, il n'en
inspirait aucune. Quand elle le devinait de
mauvaise humeur, elle tournait autour de lui,
à distance, épiant le moment opportun pour
se rapprocher. Il s'en apercevait et commençait à se rasséréner. Peu à peu la jeune fille
s'avançait, lui demandait s'il était fâché contre
elle, l'égayait avec un sourire, et finissait par
lui sauter au cou en lui faisant mille cajoleries.
Elle lui rappelait ainsi le beau temps de sa
jeunesse, où ses enfants étaient petits et che-
vauchaient sur ses genoux. Paolo Velena
pensait, comme tant d'autres, que le passé
est plus beau que le présent.

Il aimait donc Anna tendrement, pour les
souvenirs qu'elle faisait souvent revivre en
lui, et déjà l'idée de la marier avec l'un de ses
fils était enracinée dans son esprit. Cesario
lui conviendrait mieux que son frère, parce
qu'elle était une demoiselle.

Comme elle s'était transformée ! Où avait-
elle pris son élégance, sa vivacité, ses manières parfaites ?

Paolo ne se rendait pas compte que tout
venait de l'exquise bonté d'un être heureux

de vivre, d'un esprit aimable et rempli d'idées
saines.

Caterina était une enfant gaie qui deviendrait peut-être une jeune fille triste et senti-
mentale, parce qu'elle avait l'âme inquiète et
l'imagination ardente. Sa cousine, après
avoir été une fillette bien équilibrée, joyeuse ou
mélancolique selon les circonstances où elle
se trouvait, devenait une jeune fille calme,
aux doux sourires et aux songes paisibles.

L'ordre dans ses vêtements et dans ses
actions était le reflet de sa vie intime.

Anna fut bien contente lorsque grâce à elle,
qucique d'une façon indirecte, un heureux
évènement vint réjouir la famille.

Il s'agit du mariage d'Angela.

Après beaucoup de désagréments, les questions d'héritage avaient été enfin réglées.
Suivant les prévisions, le bois de chênes,
situé dans une vallée, entre Orolà et le village,
échut à Anna.

Paolo Velena, avec le consentement de la
jeune fille, décida de mettre son plan à exé-
cution. Il résolut aussi, pour lui donner bon

espoir, d'organiser une petite fête dans le bois même, le jour où l'on irait marteler les arbres.

On sait qu'il faut être autorisé par l'administration forestière, autant dire par le gouvernement, pour faire une coupe de bois. Le propriétaire ne peut couper tous ses arbres ; il doit en laisser un certain nombre, et ceux qui seront abattus sont marqués au marteau par des gardes forestiers, sous la conduite d'un inspecteur.

L'inspecteur des forêts à Orolà était, à cette époque, un jeune Sarde, aux cheveux blonds, nommé Pietro Demeda. Comme fonctionnaire il était d'une sévérité à toute épreuve, ce qui le faisait haïr d'un grand nombre : dans les pays méridionaux, les employés de ce genre qui font leur devoir, sont généralement détestés. Paolo Velena était avec lui en excellents termes, car il usait toujours d'une grande courtoisie envers l'inspecteur, pour éviter les contestations et les dommages.

Il l'avertit donc de ses intentions et l'invita à prendre part aux divertissements de la famille.

Pietro accepta avec enthousiasme, dans la pensée qu'il y aurait de belles demoiselles. Il demeurait seul à Orolà et, quoique disposé à se montrer bon vivant en dehors de ses ennuyeuses fonctions, il n'avait pas tous les jours la bonne fortune de rencontrer des dames dans une réunion intéressante et gaie.

La vie fastidieuse des cafés, de ces rendez-vous où se disent toujours les mêmes choses, où la conversation finit souvent par un bâillement ou une parole maligne, lui pesait comme un manteau de plomb. L'espoir de faire son chemin et de s'en aller un jour sur le continent, lui faisait seul supporter l'existence d'Orolà, dont les plus grands divertissements étaient des soupers d'hommes seuls, des sérénades sous toutes les fenêtres de la ville, ou quelques parties de campagne, comme celle proposée par Paolo Velena.

Le bois était distant de trois heures environ.

Avant l'aube d'une douce journée de mai, quatre ans après l'arrivée d'Annicca chez son oncle, tout le monde était sur pied dans la maison.

Les servantes étaient parties la veille, avec un char rempli d'ustensiles et de provisions. Paolo n'aimait pas le faste ni les vaines et inutiles dépenses, mais lorsqu'il s'y mettait, il faisait très-bien les choses. Ainsi les vins les plus précieux de sa cave, des mets exquis et des fruits rares, conservés pendant l'hiver, étaient déjà en route pour le bois. La petite troupe partit à cheval vers cinq heures du matin.

Lucia, Angela et Anna, intrépides et hardies comme des Anglaises, montaient de bons chevaux bien dressés. Seul le cheval d'Angela était un peu impatient et capricieux ; pourtant elle le retenait de sa main blanche et ferme.

Un jeune invité avait pris Caterina en croupe, et Antonio était avec un garde forestier.

Nennele était resté à la maison avec sa maman ; quant à Sebastiano, il n'appréciait pas la compagnie des messieurs de la ville.

On chevaucha gaiement dans les rues encore silencieuses, puis sur la grande route, qui paraissait plus belle dans la fraîcheur d'un matin splendide.

Pietro Demeda montait un beau cheval noir, à la selle de velours brodé. Il était habillé en chasseur et avait fusil, revolver et pistolets d'arçons. Paolo aussi était armé, et la meute de chiens, parmi lesquels l'élégant Maometto, qui aboyaient joyeusement, donnait l'illusion d'une partie de chasse.

A la vérité, Paolo savait la présence de sangliers dans la forêt, et la journée pouvait fort bien se terminer par quelques coups de fusil.

Les jeunes filles s'avançaient les premières, les messieurs suivaient et causaient entre eux.

Caterina boudait, parce qu'il lui semblait humiliant d'aller en croupe ; Anna, au contraire, souriait en admirant avec son goût instinctif d'artiste les radieux mirages du matin.

De temps en temps, elle croyait reconnaître les lieux où elle avait passé quatre années auparavant ; elle se souvenait ensuite de les avoir parcourus en dormant. Mais, qui sait ? Elle les avait peut-être vus quoique endormie et, d'ailleurs, ne les avait-elle pas traversés d'autres fois, en allant à une propriété des Velena ?

— Ah ! regardez, s'écriait-elle soudain. Pourquoi Sebastiano n'est-il pas venu? Il devient de plus en plus sauvage...

Elle s'arrêta au milieu de ses réflexions, en se voyant dépassée par Caterina, qui contraignait son cavalier à galoper. La jeune fille, dont les cheveux étaient déjà tout ébouriffés, causait avec beaucoup d'animation, et

Anna sourit en pensant aux plaisanteries qu'elle lui dirait lorsqu'on serait arrivé..

On laissa la grande route pour prendre un chemin de traverse au milieu d'une plaine marécageuse. Là croissaient de très-grands joncs, aux feuilles dorées par le soleil de mai, et leur parfum étrange, mêlé à l'odeur de l'eau stagnante, remplissait l'air. Anna, qui n'avait jamais vu chose plus belle ni plus singulière, retomba dans ses rêveries, pendant que Lucia et Angela babillaient avec le cavalier de leur sœur.

Revenues sur la route, Anna et Lucia mirent leurs chevaux au galop et n'arrêtèrent leur course rapide que lorsqu'elles furent tout-à-fait lasses. Alors elles attendirent en regardant avancer leurs compagnons. Dans la profondeur lumineuse de la plaine, chevaux et cavaliers ressemblaient à de petites taches noires, à des objets minuscules dessinés sur un fond de cristal éblouissant. Les pâturages étaient embaumés du parfum des fleurs, et le blé aux grands épis verts ondoyait sous une caresse invisible.

Jamais Anna n'oublia cette splendide matinée. Elle était encore immobile et extasiée quand les chiens arrivèrent en courant, dans un tourbillon de poussière.

— Ici, Maometto ! cria Anna, et le lévrier vint lui lécher les pieds, en faisant mille bonds joyeux.

De nouveau la route fut abandonnée; on suivit la lisière d'un bois, on traversa des champs, et, vers huit heures, une petite colonne de fumée bleuâtre, s'élevant au-dessus d'une sombre forêt de chênes, annonça qu'on était arrivé à destination.

En effet, les domestiques étaient déjà installées pour cuisiner.

Lorsque Anna mit pied à terre, elle se sentit toute glorieuse d'être dans son bois, et le salut des servantes, qui l'appelaient *donna Annicca*, résonna à ses oreilles comme un hommage.

Hélas ! pendant le reste de la journée, personne ne parut s'apercevoir qu'elle était la reine de la fête. Tous les compliments des jeunes gens, et spécialement de Pietro Demeda, s'adressaient à Lucia et à Angela.

Anna était aussi une demoiselle dorénavant, mais si éclipsée par la grande et fraîche Angela et la belle Lucia qu'à côté d'elles on ne pouvait la remarquer. Sa tresse pendante la faisait encore ressembler à une fillette, et l'élégance modeste de sa petite personne ne suffisait pas pour attirer l'attention. Et puis, elle n'était pas jolie, et vous avez remarqué, Mesdemoiselles, que c'est toujours la beauté unie à la toilette, cette beauté fût-elle sotte ou désagréable, qui produit de l'effet dans les réunions, aussi bien à la campagne qu'à la ville.

Angela et Lucia étaient fort bien mises, ce matin-là, elles étaient bien coiffées, elles étaient belles : comment Anna aurait-elle eu sa part de succès ?

Elle n'y prenait point garde ou ne paraissait pas en souffrir. N'avait-elle pas de quoi occuper son imagination ? N'était-elle pas emportée, bien loin peut-être, par ses rêves ? Il eût été difficile de le savoir, car aucun nuage ne passait sur son front pur, et sa bouche souriait toujours.

Pendant que l'on marquait les chênes et qu'Angela et Lucia surveillaient les préparatifs du repas, Caterina, Antonino et Anna s'amusèrent à se balancer sous les arbres. Après le dîner sur l'herbe, qui fut vraiment somptueux et donna aux convives un brio étourdissant, Anna et sa jeune cousine disparurent. Elles s'en allèrent près d'une fontaine, autour de laquelle l'herbe parsemée de fleurs était d'une hauteur phénoménale, et elles s'y couchèrent. C'était un véritable Eden. Le lierre et les lichens fleuris s'enroulaient autour des chênes ; à travers le feuillage le soleil envoyait une pluie d'or, et le ciel apparaissait au loin comme en un songe doux et riant. On entendait le chant des oiseaux cachés dans les branches, le bruissement de mille insectes invisibles, et de gros papillons, aux ailes écarlates bordées d'émeraude, s'agitaient au-dessus des muguets et des lilas sauvages.

Le son des voix n'arrivait là que bien affaibli, et les deux jeunes filles, après avoir beaucoup ri et plaisanté, s'endormirent...

Le soleil était à son déclin lorsque la petite société repartit. Paolo n'abandonnait pas l'idée de chasser un peu au retour, d'autant plus qu'un garde forestier avait aperçu un jeune sanglier à l'entrée du bois. Paolo et Pietro prirent les devants, décidés à tirer quelques coups de fusil ; ils disparurent bientôt avec leurs chiens, et les gentilles amazones les suivirent de loin, accompagnées par

les trois ou quatre invités. Arrivés aux confins de la forêt, ils virent que les deux chasseurs n'avaient encore rien trouvé ; pourtant
les chiens fourrageaient sans cesse dans les
maquis, et Maometto flairait les traces de la
bête.

Paolo et Demeda s'étaient mis à l'affût, après
qu'un berger leur eut confirmé la présence du
sanglier tout près de là. Chaque soir, au crépuscule, il traversait le bois, pour aller s'a-
breuver à la fontaine près de laquelle Caterina
et sa cousine avaient fait la sieste.

— Nous restons encore ici une demi-heure,
dit Paolo à Angela; Maometto pourra peut-être
débusquer l'animal. Vous, pendant ce temps,
continuez votre route.

— Nous, pendant ce temps, dirent toutes
ensemble les jeunes filles, nous restons
aussi...

Elles restèrent. Pour ne pas gêner la chasse,
elles se retirèrent sur une éminence et se tinrent immobiles et silencieuses. Anna, Lucia
et Caterina descendirent même de cheval,
ainsi qu'Antonino ; Angela seule resta en
selle.

— Descends, lui dit Lucia, tu te fatigueras
ou il t'arrivera quelque accident.

— Je suis très-bien. Si je vous ennuie, je m'en vais.

— Ce n'est pas cela.

Angela s'éloigna et arrêta sa monture derrière un arbre, à un endroit où l'on dominait le bois, la vallée et toute la scène. Les chasseurs avaient pris leurs postes. Un peu au-dessous d'elle, Angela vit Pietro assis derrière un buisson et tenant son arme prête. Selon toute probabilité il occupait la meilleure place. En se retournant il aperçut Angela ; il sourit et la salua de la main.

Plus d'une demi-heure s'écoula ; les jeunes filles commençaient à perdre patience et la nuit tombait. Les chasseurs ne bronchaient pas ; les chiens allaient et venaient sans rien trouver. Angela, toujours immobile, regardait de temps en temps le bout du sentier ; il lui semblait prendre une part active à la chasse, et elle ressentait un plaisir extrême, comme elle n'en avait peut-être jamais éprouvé de sa vie.

Maometto, disparu depuis un long moment, se montra soudain. Un frisson courait sur son corps, il agitait violemment la queue, et dans ses yeux intelligents il y avait quelque chose de particulier, que Paolo Velena comprit immédiatement. Le lévrier devait avoir vu le sanglier.

— Va ! lui cria son maître. Maometto repartit comme une flèche et tous les chiens à la suite.

Angela les entendit aboyer furieusement derrière une petite colline.

Un coup de feu partit, puis un autre, puis un troisième, répercutés par les échos d'alentour. Les jappements des chiens se rapprochèrent et Pietro épaula son fusil.

Le cheval d'Angela mordait son frein, prêt à se cabrer, mais elle le maintenait toujours. Le jeune sanglier, déjà blessé, parut dans le sentier : c'était une bête d'un an à peine, au poil luisant, rayé de noir et de jaune foncé. Angela aurait voulu avoir le fusil de Pietro Demeda. Au même instant celui-ci tira; le coup fut tellement soudain et partit si près d'elle que la jeune fille eut peur. Aussitôt, le bois, la vallée avec les maquis, les buissons et les pierres, se mirent à danser autour d'elle en un tourbillon vertigineux. Angela tomba en poussant un cri déchirant et son front alla heurter un amas de cailloux. Le cheval, effrayé par le coup de feu, s'était emballé et avait emporté la pauvre enfant dans une course folle, sur le chemin en pente.

Pietro avait tué le sanglier, mais la chute d'Angela changea en douleur le succès inespéré de la chasse

La jeune fille ne reprit connaissance qu'au bout d'un quart d'heure. Elle était grièvement blessée et bien des semaines devaient s'écouler avant que la guérison fût complète.

Chaque jour, Pietro allait chez l'intéressante malade et lorsque, par deux fois, il en fut empêché, il envoya ses gardes prendre des nouvelles.

La tristesse des premiers jours se changea peu à peu en un vague sentiment de joie et d'espérance. Les membres de la famille Velena n'osaient encore se communiquer leurs impressions, mais tous, depuis Paolo jusqu'à Caterina, voyaient bien que Pietro était amoureux d'Angela, et ils ne doutaient pas qu'il la demandât bientôt en mariage. C'était un parti superbe. Angela seule paraissait ne s'apercevoir de rien, absorbée qu'elle était par son mal, par les douleurs aiguës qui la tourmentaient encore. La blessure se cicatrisa enfin, les bandages furent enlevés et Angela, qui ressemblait à une religieuse du Moyen-Age avec ces bandelettes de toile blanche, reprit son attrayante physionomie toute moderne.

Le jour de Saint-Pierre et Saint-Paul, Pietro Demeda envoya des présents à Paolo et celui-ci l'invita à dîner.

Dans toute la ville, on disait maintenant que l'inspecteur était fiancé avec mademoiselle Velena.

Il était visible qu'Angela commençait à aimer le jeune homme, et Caterina la taquinait sans cesse. Si elles se promenaient ensemble dans le jardin, la fillette écrivait rapidement avec un bâton le nom de Pietro, sur le sable des allées, ou en dessinait la première lettre sur les murs avec un morceau de charbon. Elle disait à sa sœur de choisir entre trois fleurs représentant dans sa pensée telle et telle personne, et infailliblement la fleur choisie était Pietro !...

Angela était heureuse et triste en même temps. Elle voyait bien que Pietro préférait sa compagnie à toute autre pendant ses visites, et plus ouvertement à la promenade ou à l'église ; cependant, il ne lui avait pas encore dit une véritable parole d'amour.

Sebastiano, de son côté, était inquiet et nerveux ; il se rendait parfaitement compte de tout, et il aurait voulu que Pietro Demeda cessât de venir ou s'expliquât clairement. Cette façon d'agir n'était pas d'un galant homme et Sebastiano mourait d'envie de le lui dire.

Un jour, il rentra avec le visage bouleversé et il attira au fond du jardin une des domestiques, nommée Agata, entrée depuis peu au service de la maison.

De la chambre de Cesario, Anna vit par hasard la scène.

Sebastiano, très-pâle, parlait en serrant les dents et levait, de temps en temps, son poing sur la tête d'Agata. A la fin, cette fille tira une lettre de sa poche et la lui présenta ; il la lut, la mit en morceaux et donna une violente poussée à la domestique.

Le lendemain, Pietro demanda formellement la main d'Angela.

Anna eut plus tard l'explication de ce qu'elle avait vu : Pietro s'était permis de donner une lettre pour Angela à Agata, mais Sebastiano, qui surveillait les domestiques, s'en aperçut.

— Tu diras à ce monsieur, avait-il dit à la servante, après avoir déchiré la lettre, qu'Angela Velena a de bons parents et d'excellents frères. Et toi, prépare-toi à sortir de la maison ce soir...

Le premier jour où Pietro fut admis à faire sa cour, il y eut une petite réception. Pour cette solennité, Anna prit et adopta définitivement la robe longue.

Elle commença alors à recevoir quelques compliments. Elle souriait et rougissait, parce que ses pieds s'embarrassaient dans le volant de sa jupe ; elle s'inclinait tout-à-coup comme pour les chercher et restait interdite.

— Allons, lui dit une fois Sebastiano en passant près d'elle, il paraît que tu es montée en grade... Nous le savons très-bien que tu es en âge de te marier, maintenant...

— Tu es fâchée d'avoir les robes longues ? lui demanda alors Lucia. A ton âge, Angela et moi, nous avions oublié le jour de notre entrée dans le monde des demoiselles... Veux-tu donc toujours rester une bambine ?

— Comment ! C'est de plaisir qu'elle est émue, tu ne le vois pas ? répliqua Sebastiano en riant.

Anna le regarda d'un air boudeur et s'en alla, les yeux pleins de larmes. Ah ! c'était certain, Sebastiano la détestait et la poursuivait de ses railleries, quand il ne lui témoignait pas une horrible indifférence. Elle se demandait ce qu'elle avait bien pu faire pour mériter tout cela, après la douce bienveillance des premiers temps.

Elle ne se doutait pas, et personne ne pouvait s'en douter, que Sebastiano l'aimait.

Cesario. — Le Trousseau.

Cesario arriva vers la fin de juillet, quelques jours après Gonario, qui continuait ses études à Cagliari.

Les deux amis furent bientôt réunis. Quelle pâle figure de grand seigneur fatigué avait Cesario, et quel parfum d'opoponax exhalait son beau linge ! Entre autres choses il avait apporté un élégant pardessus doublé de fourrure et un microscopique revolver, au manche orné d'arabesques et incrusté de nacre.

— A quoi cela te sert-il ? demanda Anna, en touchant le revolver.

— Laisse-le ! lui cria-t-il, presque rudement et sans plus d'explication.

Anna suspendit le pardessus ; elle pensa au grossier paletot de Sebastiano et eut un imperceptible sourire. Gonario entrant à ce moment, elle se retira, suivie d'un long regard du jeune homme.

— Mais, est-ce ta cousine ? demanda-t-il à Cesario.

— Oui ; moi aussi j'ai eu peine à la reconnaître. Elle est devenue jolie, n'est-ce pas ?

—Quel âge a-t-elle ?

— Je ne sais pas, dit Cesario, et il changea de conversation. Pourtant Gonario insista.

— On m'a dit qu'elle est fiancée.

— Eh ! oui. Il ne lui manque qu'un mari. C'est Angela qui est fiancée à Demeda.

— Ah ! c'est Angela ! Cela me fait grand plaisir...

Gonario, trois ans auparavant, avait été amoureux d'Angela et de Lucia, mais il ne s'en souvenait pas plus à l'heure présente que Cesario ne se rappelait la demoiselle noble qui lui écrivait sur du papier à fleurs, ou celle qui avait brisé sa carrière militaire. ...

— Si tu voyais, à Rome !...Pendant toute la soirée, Cesario parla des monuments de cette ville et de la surprenante beauté de ses habitantes. Il s'exprimait avec un enthousiasme mêlé de scepticisme et prenait des airs blasés, mais il voulait donner à entendre qu'une villa romaine valait la Sardaigne entière, et une femme de Rome, toutes les Sardes. Gonario se laissa d'abord éblouir ; il prit à la lettre les récits de Cesario et en éprouva même une secrète humiliation ; ensuite cela finit par l'ennuyer, il se moqua de son ami, s'amusa à le contredire, ils en vinrent à se quereller et ils se séparèrent froidement.

A souper, Cesario reprit son discours. Ses yeux brillaient derrière le binocle d'or et sa belle figure pâle représentait quelque chose d'inconnu et d'imposant, à cette table presque patriarcale. Nennele et Antonino restaient la bouche ouverte en le contemplant, et Maria Fara sentait de grosses larmes de tendresse et d'orgueil lui monter aux yeux.

Sebastiano lui-même paraissait un peu confus, mais il écoutait avec beaucoup d'inté-rêt la conversation de son frère. Seule, Anna souriait de temps en temps, sans rien dire, et l'expression de son visage avait le don d'irri-ter Cesario.

Elle regardait les grosses mains brunes de Sebastiano, puis les belles mains du causeur, plus fines et plus blanches que celles de Lu-cia elle-même. Les ongles, longs et rosés, te-nus avec soin, qui prenaient de l'éclat à la lueur des bougies, attiraient aussi son atten-tion, et elle ne pouvait s'expliquer ses impressions à l'égard de son illustre cousin au linge parfumé : était-ce respect ou dédain ?

Pendant les vacances de Pâques Cesario était allé à Naples ; il parla aussi du Pausilippe, de Sorrente et des villas merveilleuses échelonnées le long de la mer.

— Tout ça est bel et bon, conclut Anna, mais tu as passé ton temps à te promener, n'est-ce pas ?

Une autre fois elle fit la remarque suivante :

— L'endroit où on est heureux est toujours beau...

Cesario la regarda de travers et les jours suivants il parla avec moins d'emphase devant elle.

Il avait repris son ancienne existence : il restait enfermé de longues heures, étendu sur son lit et plongé dans d'interminables lectures. Il avait apporté une collection de romans de tous genres traduits ou écrits en français. Il ne faisait même pas d'exception pour les romans italiens, il préférait les lire dans les rares traductions françaises qui en ont été faites.

— Mais quelle espèce d'avocat seras-tu ? lui demandait Pietro, en prenant les volumes les uns après les autres et les feuilletant.

En quelques jours les deux futurs beaux-frères s'étaient liés d'une véritable amitié, quoique Pietro se divertît à railler Cesario. Celui-ci, du reste, excitait les moqueries de tous, peut-être parce qu'on l'enviait. Personne n'était plus original et, en apparence, plus sceptique que lui ; malgré cela il restait sympathique à beaucoup de gens.

Gonario Rosa lui ressemblait au fond ; ils avaient passé ensemble les premières années de jeunesse et puisé leurs idées aux mêmes sources ; mais, afin d'éviter les sarcasmes, Rosa se gardait bien de poser comme son ami. Chaque soir il se rendait chez les Velena pour entraîner Cesario à la promenade ; souvent ils restaient ensemble dehors jusqu'à une heure avancée de la nuit. Si, par hasard, Gonario ne venait pas ou recherchait d'autres jeunes gens, Cesario lui faisait une scène ; pourtant, à peine séparés, l'un médisait de l'autre. Cesario parlait de son camarade avec un sourire de pitié et d'ironie, un pâle sourire qui découvrait ses dents jaunies par le cigare.

Gonario était plus terrible. Il excellait à faire la charge de Cesario, imitant parfaitement sa voix, ses gestes, sa manière de porter la canne ou le pardessus, et jusqu'à son sourire éteint...

Une chose, cependant, était certaine : Cesario travaillait beaucoup plus que son ami. Quoi qu'en dît Pietro, Cesario cachait un vaste savoir, pour son âge, sous cette allure de jeune vieillard, aux cheveux déjà grisonnants à vingt-trois ans. Il était au courant de toutes les littératures, connaissait à fond les classiques italiens et étrangers, et il avait commencé un petit ouvrage en allemand, qu'il comptait présenter au moment de sa thèse : *L'état de la Sardaigne sous la législation romaine.* C'était un secret pour tout le monde, excepté pour Gonario. En ceci, au moins, Rosa ne trahissait pas son ami, dont il savait les efforts et les pénibles recherches pour les premiers chapitres seulement ; il se contentait de rire en disant que ce serait signé Von Velena, et cela n'était pas vrai.

Pietro venait désormais tous les soirs chez sa fiancée.

Il semblait qu'un flot de vie et de gaîté fût entré avec lui dans la maison.

Non seulement Angela, mais ses sœurs et sa cousine l'attendaient avec impatience pendant les magnifiques soirées d'été, tandis que la cafetière chantait devant le feu.

Il apportait, avec les dernières nouvelles du jour, des livres, des journaux et des bonbons. Dans cette réunion de famille, sous la fraîche tonnelle, il oubliait les soucis et les occupations fastidieuses de son métier.

Toutes les jeunes filles l'entouraient et, à voir l'attention avec laquelle chacune l'écoutait, souriant et plaisantant avec lui, on n'aurait presque pu distinguer la fiancée.

Quelquefois les hommes restaient aussi ; Cesario descendait de sa chambre et Gonario venait se joindre à eux. Alors ils parlaient politique, élevaient la voix et semblaient oublier ces demoiselles, qui, bien qu'elles lussent les journaux, n'avaient pas la prétention de se mêler à de telles discussions. Elles désiraient donc voir partir les jeunes gens et continuer seules les joyeuses causeries avec Pietro ; mais, depuis quelque temps, Anna s'apercevait que Gonario préférait leur société à la promenade.

La jeune fille allait et venait ; c'était elle, le

plus souvent, qui servait le vin ou le café; elle
portait les sièges sous la tonnelle et se levait
pour mille détails. Lorsqu'elle restait assise
c'était pour ne point faire tort à son ouvrage,
tant que les dernières clartés du jour péné-
traient à travers le feuillage. Elle brodait à la
main de mignons fichus de mousseline, gar-
dant tous ses ustensiles de travail dans un
petit réticule suspendu à sa ceinture par une
chaînette. Elle portait habituellement une robe
très-simple et très-longue en percale blanche,
sémée de bouquets de marguerites d'un lilas
tendre. Dans cette robe qui dessinait vaguement son corps mince et souple, avec ses
cheveux merveilleux, toujours réunis en une
tresse pendante, et son petit sac à ouvrage
qui lui donnait par moments un air de damoi-
selle du XIII siècle, n'était-elle pas charmante la petite Anna? Les pieds et les mains
s'étaient effilés; le visage, toujours prompt à
se colorer à la moindre émotion, était plus
blanc et plus doux et, malgré un profil irrégulier et une bouche trop grande, la figure
d'Anna pouvait plaire. Cependant elle était toujours, la gracieuse enfant, complètement effa-
cée par ses cousines. Près d'Angela, grande et
majestueuse, elle ressemblait à une fillette,

et le sourire de Lucia, aux splendides yeux noirs, était sans rival.

Et pourtant Gonario Rosa passait de longues heures à contempler Anna.

Le savait-elle ? Un fluide mystérieux la pénétrait sans qu'elle en eût conscience. Dans le mélange d'ingénuité et d'intelligence qui était le fond de son esprit, elle comprenait qu'un lien imperceptible se formait entre elle et Gonario, mais elle n'osait rechercher de quelle nature il pouvait être.

Ainsi, en présence du jeune homme elle éprouvait ce vague sentiment de joie et de peur qui est l'aurore de la passion ; lui disparu, avec son visage parfait qui ressemblait à un camée de bronze, et ses yeux pleins de mystère, elle l'oubliait. Tout au plus pensait-elle à lui d'une façon indécise, en des réminiscences de lectures, de scènes qu'il lui semblait avoir vues en songe ou véritablement, à une époque indéterminée. Dans ces moments-là Anna se mêlait aux jeux de Caterina et de ses jeunes frères avec une joie bizarre et des rires tels qu'elle finissait quelquefois par en être suffoquée.

— Pourquoi es-tu si gaie ? lui demandait Sebastiano.

— Je ne sais pas, répondait-elle. Et elle recommençait à rire bruyamment, sans cause, pendant qu'il la regardait tout songeur.

Ce n'était donc plus une enfant celle-là, celle qu'il aimait ?

*
* *

Un jour Pietro Demeda reçut avis de son changement. On parla alors du mariage et il fut fixé aux fêtes de Pâques de l'année suivante, délai nécessaire pour confectionner le trousseau d'Angela, qui ne s'était encore pourvue de rien.

Il y eut de longs colloques entre le père et la mère, et, finalement, Angela fut appelée un matin dans le cabinet de travail. Sachant de quoi il s'agissait, elle pâlit légèrement et, après être entrée, elle s'appuya un moment à la porte.

Paolo, qui écrivait, s'interrompit en voyant sa fille.

— Que voulez-vous, papa ? demanda-t-elle.

— Nous avons donc décidé, répondit Paolo précipitamment, que tu te marieras pour Pâques. Combien te faut-il ? Ta mère dit deux mille francs ; il me semble que c'est un peu trop.

Angela baissa la tête un instant, puis elle regarda son père. Elle crut découvrir une légère souffrance sur ce visage vieilli, et elle pensa instinctivement aux sommes considérables que Cesario avait dépensées à Rome cette année-là.

— Que dois-tu acheter ? reprit Paolo. Tu sais bien que je n'entends rien à ces choses. Ta mère me parle aussi de meubles, mais n'est-ce pas une sottise, puisque vous allez loin ?

— Papa, la chambre nuptiale, au moins, doit être fournie par l'épouse.

Angela rougit aussitôt et se repentit d'avoir dit cela.

— C'est bien, on y pensera plus tard ; pour le moment je te donne mille francs.

Paolo ouvrit une cassette et en retira un chèque de la Banque Nationale.

— Regarde bien ; il n'est pas encore signé par moi, il faut d'abord que tu me dises à qui tu le présenteras.

Angela prit le morceau de papier qui représentait son trousseau ; elle vit confusément les longues lignes droites sur lesquelles était inscrite la valeur, les petits trous à travers

lesquels apparaissaient ses doigts, et les mots :
« Payez pour moi au signor Paolo Velena »,
signés : « Elio Piccolomini ». Son père lui dit
encore quelque chose, mais elle ne l'entendit pas.

Elle sortit en trébuchant, prise déjà d'une
vague tristesse, à la pensée qu'un an plus tard
elle serait dans un monde inconnu, loin de sa
maison et de ses chères habitudes.

En un instant, la nouvelle qu'Angela possédait mille francs fut connue de toute la famille;
Caterina vint immédiatement lui demander un
franc ou au moins cinquante centimes.

— Fais-moi le plaisir de t'en aller, lui dit
Angela en se fâchant, autrement gare à toi !

Caterina ne se tint point pour battue ;
pendant l'après-midi entière elle tourmenta sa
sœur, mais inutilement. C'était Antonino qui
l'avait priée de lui procurer une petite somme.
Pourquoi ? Mystère.

A la tombée de la nuit, comme Angela se
trouvait seule un moment avec Pietro, près
de la haie du jardin, elle lui dit, en souriant
à demi.

— Demain nous commencerons mon trousseau.

— Tu feras les emplettes ici ?

— Pourquoi pas? On trouve ce que l'on veut. Nous ne dépenserons pas un centime pour les façons, les robes exceptées.

— Veux-tu que j'écrive à Cagliari, à ma cousine Grazia, la religieuse? Tu sais qu'on brode très-bien dans les couvents. Elle peut t'aider.

— Non, non! se récria Angela; Anna brodera tout. Elle me l'a promis; elle a même déjà commencé. Elle a des mains de fée...

La jeune fille se retourna, montrant de loin Anna, qui brodait, en effet, bien qu'il fît presque nuit. Elle avait porté sa chaise hors de la tonnelle, pour profiter des dernières minutes du jour.

Angela et Pietro parlèrent d'autre chose.

— Tu parais souffrante; qu'as-tu? demanda le jeune homme, en regardant sa fiancée, qu'il trouvait pâle et préoccupée.

— Rien; je n'ai rien du tout.

— La tête te fait peut-être mal?

Depuis sa chute de cheval, Angela s'était plainte souvent de douleurs intolérables dans la tête. Elle croyait parfois que sa blessure allait se rouvrir.

— Non, je t'assure, je n'ai rien, répéta la jeune fille. Je pense seulement aux jours où tu ne seras plus là, ajouta-t-elle timidement.

Pietro sourit et lui caressa doucement les cheveux, en disant :

— Mais je reviendrai... et je ne repartirai pas sans toi !

Ils allèrent sous la tonnelle.

— Arrête-toi, Anna, on n'y voit plus, dit Angela, en passant près de sa cousine et cherchant à lui enlever sa broderie.

— Non, ce feston seulement et j'ai fini, laisse-moi, répondit Anna.

Pietro se pencha pour examiner son travail. A ce moment Nennele et Antonino firent irruption dans le jardin, avec Gonario Rosa, à la recherche de Cesario.

— C'est une broderie Richelieu, disait Anna à son futur cousin ; puis elle répondit à Gonario qui s'informait de son ami :

— Il vient de sortir. Il est tard ; pourquoi êtes-vous venu si tard ?

— Elle m'attendait !! pensa Gonario. Et lui aussi regarda ce qu'elle faisait, en disant :

— Quelle patience ! C'est un travail d'Arachnée ceci, n'est-il pas vrai ?...

Il s'appuyait à la chaise d'Anna et s'approchait au point que sa jaquette effleura la tête de la jeune fille.

— Non, c'est une broderie Richelieu, répéta-t-elle ingénûment.

— Ah ! Richelieu ! Que vient faire ici Richelieu ? Et pourquoi Richelieu ?

— Parce qu'il avait des collerettes ainsi ajourées ! s'écria Pietro, en riant.

— Bienheureux Richelieu ! répartit Gonario. Je voudrais être à sa place.

Mais Anna ne comprit pas la galanterie de ces paroles.

— Pourquoi à sa place ? demanda-t-elle. Il est mort.

— Oui, et même enterré. C'est à la place de la broderie appelée ainsi que je voudrais être.

Anna cessa aussitôt de travailler ; elle remit tous ses objets dans son sac et se leva, le visage empourpré.

— Où Cesario sera-t-il allé ? redemanda le jeune homme.

Anna n'entendit certainement pas, car elle murmura :

— Ce sont les petits mouchoirs d'Angela.

Après le départ de Pietro et lorsque tout le monde fut rentré à la maison, Anna resta au jardin et se mit à aller et venir d'une façon inquiète, dans l'obscurité. Elle alla jusqu'au

talus, où les senteurs d'une belle nuit d'été,
parfums venus des monts lointains et de la
vallée, embaumaient l'air. Elle marcha,
marcha encore, parcourant des lieux qui lui
semblaient en même temps ignorés et connus,
sombres et lumineux, pleins de mystérieuses
sensations mêlées de joie et de douleur.
Tantôt désirant la lumière, tantôt recherchant
les ténèbres, elle ne trouvait aucun repos.
Parfois elle s'arrêtait avec un frémissement
de tout son être, pour écouter une voix
bizarre qui montait de son cœur à ses lèvres :

— Je voudrais être Richelieu !

La toile, les dentelles et les garnitures, les
mouchoirs, les objets de toilette et le linge de
ménage furent achetés, et l'on commença
dans la maison Velena un travail assidu, fati-
gant, mais plein de charme.

Caterina fut employée à faire des dentelles
et des entre-deux au crochet. Tout d'abord
elle ne voulait pas en entendre parler ; cependant, à force de cajoleries et de promesses
on obtint son concours. De même qu'Anna
était habile à la broderie, Caterina, quand

elle était bien disposée, était une merveilleuse créatrice d'ouvrages au crochet. Elle en inventait facilement et faisait preuve d'un goût original. Toute son imagination, tous ses caprices se reflétaient dans son travail. Ses doigts agiles et fins semblaient ne pas toucher le fil.

Pietro, qui s'intéressait à ces bagatelles pour faire plaisir à Angela, dit un jour en regardant un spécimen du talent de Caterina :

— C'est du style indien. Cela représente le *Nyrvâna*, n'est-il pas vrai?

Comme elle l'avait déclaré, Angela ne dépensait pas un centime pour les façons.

Chaque objet était coupé et cousu à la maison. Anna brodait toujours et mettait aussi quelque chose de son imagination dans le fin et délicat travail de ses doigts. Fleurettes légères, oiseaux aux ailes de tulle, qui semblaient prendre leur vol vers un horizon blanc aux reliefs roses, chiffres gothiques, herbes blanches fantastiques, naissaient comme par magie sous l'aiguille presque invisible, pendant que des ombres mystérieuses passaient sur le front de la jeune ouvrière. Elle aimait surtout les broderies Richelieu et, tandis qu'elle faisait serpenter les feuilles de vigne ou d'acanthe autour de jolies fleurs, un sourire indéfinissable accompagnait son travail. Lucia cousait à la machine, en chantant de gais refrains, la signora Maria taillait, et Angela posait les garnitures.

La pauvre fiancée, devenue très-nerveuse, ne souriait ni ne plaisantait plus ; elle s'irritait pour des choses minimes, faisait défaire de très-beaux chiffres à Anna, disant qu'ils étaient mal exécutés, et rien ne la contentait.

Elle se calmait à peine pendant les visites de Pietro.

On arriva ainsi aux vendanges et, pour quelque temps, le trousseau fut mis de côté. On organisa plusieurs parties de campagne, on fit de gaies promenades, pendant lesquelles retentissaient les bruyants éclats de rire. Gonario continua à courtiser la petite Anna, mais d'une façon si vague ou si adroite que personne ne s'en apercevait, pas même Sebastiano, qui, malgré les soins incessants de ces jours-là, n'oubliait pas un moment de veiller sur sa cousine.

Gonario ne laissait pas échapper une parole, ne faisait pas un geste qui pût le compromettre. On aurait plutôt dit un bon jeune homme qui voulait se distraire en s'abaissant aux jeux d'une fillette. Il s'occupait des ouvrages, des cheveux et des modes d'Anna, et ses remarques n'allaient pas au-delà.

— Vous avez terminé ce petit mouchoir, montrez-le moi donc, lui disait-il.

Elle l'étalait devant lui ; alors il l'examinait minutieusement et il faisait rougir la jeune fille en s'écriant :

— Vous avez des doigts de fée ! Qui sait à quoi vous pensiez en brodant toutes ces belles choses ?

Ou bien il la regardait des pieds à la tête et disait d'un ton singulier :

— Pourquoi avez-vous mis cette vilaine robe ? Vous abandonnez l'autre, la blanche, qui vous va si bien, celle que vous portez dans la maison...

— Précisément elle est pour la maison et celle-ci pour la campagne, observait-elle.

— Mais l'autre vous va mieux.

Un jour il s'enhardit jusqu'à toucher sa tresse.

— Pourquoi ne réunissez-vous pas vos cheveux ainsi, sur la nuque, comme Angela et Lucia ?

— Ce n'est pas possible, répondit Anna en tressaillant. Il y en a trop.

— Oui, il y en a trop ! répéta-t-il. Dieu vous les bénisse !...

Il lui donnait des fleurs et des dessins de broderies ; puis tout-à-coup il l'oubliait et ne daignait pas même lui adresser un regard. Elle en souffrait horriblement et tombait alors dans une profonde mélancolie, aussi inexplicable pour Sebastiano que ses folles gaîtés. Il s'obstinait à la croire une enfant ; il ne comprenait pas qu'un cœur de femme battait en elle maintenant, et que Gonario Rosa, pour lequel il avait toujours éprouvé une aversion instinctive, le lui avait déjà volé.

Les Noces.

Lorsque les tièdes journées d'octobre furent
passées et avec elles le temps joyeux des
vendanges, tandis que le chaud parfum du
moût et des fruitiers bien garnis remplissait
encore toute la maison, l'heure des sépara-
tions arriva.

Cesario partit, puis Gonario, ensuite Pietro
Demeda et avec celui-ci Paolo Velena, qui
allait sur le continent pour affaires.

A toutes les étapes on envoyait un télé-
gramme pour calmer l'anxiété d'Angela, qui
avait failli s'évanouir en disant adieu à son
fiancé.

Elle se rasséréna un peu lorsque son père
fut arrivé à Livourne et Pietro à son nouveau
poste, dans une ville historique et élégante,
bien que de second ordre, de la Haute-Italie.

Ceux qui restaient à Orolà reprirent leur
existence tranquille et tout rentra dans l'ordre

accoutumé, mais un immense vide s'était fait dans cette maison, pleine, en apparence, des bénédictions de Dieu.

Nennele et Antonio retournèrent à l'école. Angela était bien loin par la pensée ; de son côté, la mère de famille songeait à Paolo et à ce pauvre Cesario, qui était reparti plus fatigué que jamais, avec une toux sèche et pénible à entendre. Pourtant ses préoccupations ne l'empêchaient point de se livrer aux soins habituels. Pour le moment, il s'agissait des dernières conserves et des fruits. Dans la cour, sous la galerie, du vin doux bouillait dans une chaudière, et l'on choisissait les raisins destinés à la provision d'hiver. Dans le jardin, les tomates salées, déposées sur de larges tables, séchaient au soleil. Caterina aidait à sa maman ; elle conservait des fruits pour son propre compte et se chargeait de ranger les tomates, en y mêlant des feuilles de basilic pour les embaumer.

Les figues, préparées par le gardien de la vigne, étaient déjà disposées en couronnes immenses et placées dans des corbeilles de palmier, soigneusement garnies de papier. La récolte des noix faite aussi, les poires et les pommes pendues et les raisins bien rangés

sur des couches de foin, tout était en ordre.
Après avoir été cuit suffisamment et sucré, le
vin doux fut mis dans des vases de terre, avec
un mélange de coings, de boutons de fleurs
d'oranger et même de petits morceaux de ci-
trouilles bouillies.

Sebastiano pressa une dernière fois le marc
de raisins ; les domestiques balayèrent la
cour ; les poules, qui, pendant tout ce temps,
avaient vagué en liberté dans le jardin, y
commettant mille déprédations, furent enfermées de nouveau ; et Maria put enfin se repo-
ser avec un sentiment de plaisir qui dérida son
beau front pensif.

Bien des semaines s'écoulèrent ; le brouillard envahit l'horizon, et Anna laissa avec un
long soupir de regret sa robe blanche parsemée de petites marguerites. Elle ne faisait
plus entendre ces rires fous qui exaspéraient
Sebastiano. Elle brodait maintenant près des
fenêtres closes et restait silencieuse, le visage
tout assombri. Parfois on l'appelait, on lui
parlait, sans qu'elle répondît, ou bien elle tres-
saillait comme prise d'effroi. Angela, installée
près d'elle, travaillait fiévreusement à garnir
sa lingerie ; elle aussi se taisait et croyait volontiers que la tristesse de sa cousine était

une preuve de sympathie pour sa propre mélancolie.

Les premières brassées de bois flambaient dans la cheminée de la cuisine, lorsque Paolo Velena revint. Néanmoins il sentit comme une bouffée d'air glacé le frapper au visage.

— Qu'est-ce que cette maussaderie ?... demanda-t-il à sa femme. Il est arrivé quelque chose ? Quoi ? Dis-mois donc !...

— Il n'y a rien. Angela seule est toujours triste, excepté les jours où elle reçoit une lettre de Pietro.

— Oui, je comprends. Mais les autres ? Sebastiano, qu'a-t-il ? Et Anna ? Elle ne paraît plus la même. Vous lui avez peut-être fait de la peine ?

Paolo regarda autour de lui avec inquiétude, comme pour chercher quelque chose qu'il ne savait bien définir et qu'il ne trouvait pas. Cependant Maria le rassura. Oui, Anna devenait de plus en plus sérieuse ; elle avait cessé de jouer, elle ne montrait pas d'exaltation, mais rien de particulier n'était survenu et personne ne l'avait offensée. C'était une grande personne à présent, voilà tout !

Ils parlèrent ensuite de Cesario et le visage de Paolo se rembrunit de nouveau.

Il avait passé à Rome et en avait rapporté une impression mauvaise. Que faisait son fils? Que pensait-il? Etait-ce une vie d'artiste ou une existence bourgeoise que menait le jeune homme?

Plusieurs autres étudiants sardes lui avaient dit qu'on voyait très-peu Cesario et qu'il ne faisait aucun bruit. Mais Paolo savait qu'il dépensait beaucoup d'argent; une bonne partie des revenus de la famille passait dans ses mains. Ce qu'il ne voulut pas dire à sa femme, c'est qu'il avait lui-même découvert trois choses : Cesario était malade, Cesario s'était affilié à la franc-maçonnerie, Cesario ne se montrait que ganté et en voiture.

Où allait-il? Que faisait-il? A Rome pour quelques jours seulement et préoccupé de ses affaires, Paolo n'avait pas réussi à le savoir. Ces nouvelles si vagues et incomplètes causèrent à Maria une sensation étrange : la figure de Cesario prit des proportions extraordinaires dans le mystère qui l'entourait. A mesure que les mois se succédaient, elle croyait voir son fils se détacher sur le fond immense de Rome et devenir plus grand encore, comme jamais il ne lui serait apparu dans le cadre restreint d'Orolà !

Paolo, qui peut-être avait eu auparavant une illusion semblable, pensait, au contraire, maintenant, que Cesario était bien petit : un atome perdu dans la grande ville. Il diminua sa pension et fit la sourde oreille aux pressants appels de fonds.

« Mon cher, écrivait-il à son fils, réfléchis aux pertes que j'ai subies cette année, et précisément quand ta sœur doit quitter avec honneur la maison. »

A la vérité, Angela, après les premiers mille francs, n'avait plus demandé un centime.

Et, cependant, le trousseau était à peu près achevé. Les étoffes pour vêtements étaient déjà commissionnées à une maison de bons tissus italiens. Une habile couturière, en renom à Sassari, devait les confectionner.

Ils arrivèrent quelques semaines avant Pâques, justement le jour où Angela garnissait le dernier petit bonnet.

— Est-ce que j'ouvre? dit Anna, en posant les mains sur l'élégante caisse de bois.

Angela la repoussa doucement et ouvrit elle-même, d'une main tremblante. Peu à peu, sans qu'elle y prît garde, toute la maisonnée était là, attentive et curieuse.

La jeune fiancée souleva le couvercle presque religieusement ; elle fit envoler un nuage de papier blanc, transparent et parfumé, et elle déplia d'abord la toilette de mariée. La robe était de forme princesse, en satin crême, toute garnie de dentelles d'une délicatesse vaporeuse. Un cri perçant de Caterina fit sursauter Angela au milieu de son extase :

— Elle a une traîne... une traîne, tu ne vois pas qu'elle a une traîne, Angela ; Anna, mon Dieu, comme elle est belle ! criait la fillette.

— Mon Dieu, comme elle... est... bel...le !... répéta Nennele en joignant les mains.

— Belle, ah ! oui, elle est bien belle ! s'écrièrent tous les autres en chœur.

— Essaie-la, dit Lucia, affairée et contente.

Angela, à demi suffoquée par la joie, voulait pourtant paraître calme. Elle répondit presque froidement.

— Oui, elle est jolie. Je la mettrai ensuite ; attends, nous avons le temps. Laisse-moi voir les autres.

Caterina, impatiente, mit en morceaux le second couvercle. Angela se fâcha, puis s'adoucit bientôt, pâle d'émotion. La seconde robe, l'indispensable robe noire, de grande cérémonie, que toutes les épouses sardes ont cou-

tume d'acheter, était vraiment merveilleuse.
De soie damassée, à grands dessins japonais
sur fond de satin, ornée de falbalas roses qui
ressemblaient à une garniture de fleurs velou-
tées, elle aurait pu habiller une fée.

On allait de surprise en surprise. La troisième robe, de taffetas changeant gris-rose, à
bouffantes de grenadine d'une teinte indéfinissable, avec la ceinture suissesse brodée de
roses et de feuillage d'argent, faisait oublier
les deux autres. La caisse renfermait encore
un manteau de velours, la robe de voyage, en
laine blanchâtre, les chapeaux, l'adorable
petite capote de jeune mariée, toute en violettes
et fleurs d'oranger, des voilettes, de grandes
épingles, etc. Mon Dieu! que de belles choses!
Ce fut une journée mémorable.

Angela essaya toutes les robes, qui allaient
à merveille; dans chacune elle paraissait plus
jolie et Caterina sautait autour d'elle, criant,
faisant la roue, entraînant les petits frères
dans son enthousiasme.

— Mais que t'importe? lui dit Sebastiano.
Ces vêtements sont-ils pour toi? Fais-moi le
plaisir d'être plus raisonnable. Ne vois-tu pas
comme Anna est sérieuse?

— Oui, parce qu'elle est jalouse, elle!...

— Jalouse? Et pourquoi? demanda Anna.

— Laisse-la dire, répliqua Sebastiano.

— Certainement, je la laisse dire. Mes robes à moi seront bien différentes, je le sais!...

Sebastiano regarda affectueusement Anna, en se disant qu'elle mettrait pour lui les toilettes de mariée.

Oui, Sebastiano était certain de pouvoir un jour épouser sa cousine.

Comment en était-il devenu amoureux, depuis quand, et pourquoi? Il ne s'en souvenait pas et ne le recherchait point. Il lui semblait l'avoir toujours aimée, du jour où elle était arrivée, avec sa vilaine robe noire et son petit fichu serré sous le menton; même avant cette époque et déjà quand il allait à l'école, alors qu'il rougissait en rencontrant des demoiselles. Ce n'était pourtant pas son premier amour, mais il sentait que ce serait le dernier, parce qu'il n'avait jamais aimé ainsi. Se reportant en arrière par la pensée, il se figurait voir Anna dans les autres femmes dont il avait été amoureux. Les sentiments auxquels il s'était laissé aller, quoiqu'ils eus-

sent été partagés, l'avaient toujours fait souffrir. Celui-ci, au contraire, bien que caché
encore, si indistinct et indécis en réalité, l'exal-
tait et le rendait heureux. Même sans bien
connaître moralement sa cousine, Sebastiano
voyait en elle la compagne rêvée par son âme
droite et son imagination ardente, c'est-à-dire,
une jeune fille bonne, sage et très-pure.

Parfois il s'effrayait à l'idée qu'Anna était
presque une demoiselle et que sa dot, en
même temps qu'elle l'attirait, sans qu'il en eût
conscience et par la loi des contrastes, pouvait devenir un défaut, un obstacle à leur
complète félicité ; mais il se rassurait bientôt.
Que signifiait cela ? Anna deviendrait aussi,
ce n'était pas douteux, une très-bonne ménagère ; en tout cas, il pourrait toujours la
maintenir à un rang et dans une aisance
qu'aucun avocat ni aucun employé ne lui
donneraient. Et il attendait, il attendait encore
pour se déclarer et la rendre arbitre de son
sort.

Elle était cependant son rêve le plus cher,
celui qui l'accompagnait partout, s'imposant
davantage dans la solitude, durant les longues chevauchées à travers les campagnes
désertes.

A cause d'elle surtout, la nostalgie de la maison s'emparait de lui. Volontiers, il se croyait attendu par la jeune fille, tandis qu'en réalité c'était à lui que manquait la présence d'Anna.

Plus d'une fois, depuis un an, il avait eu l'intention de s'expliquer, ou au moins de se confier à sa mère et de laisser deviner ses sentiments à Anna. Il avait en tête un projet radieux, celui de se marier et de se retirer à la campagne, au milieu de terrains immenses qu'il coloniserait.

Le moment de parler venu, il éprouvait une crainte stupide ; un obstacle invisible et insurmontable se dressait devant lui. L'image séduisante créée par son esprit s'évanouissait: l'Anna retrouvée au logis n'était plus l'Anna absente, celle qui le baisait avec le vent et qu'il désirait revoir avec toute la joie et les angoisses d'une véritable passion.

Quelquefois encore, un doute venait l'attrister ; le rêve s'envolait comme pour ne plus revenir. Sebastiano s'éloignait-il, de nouveau la douce vision le charmait et, en même temps, le torturait d'autant plus que l'espace grandissait. Il attribuait tout cela à l'extrême jeunesse et à l'innocence d'Anna et, dominant son trouble, il attendait encore, sans rien laisser présager.

Les papiers de Pietro arrivèrent immédiatement après les toilettes et Paolo s'occupa, non sans émotion, de la publication des bans.

Après le départ du jeune fonctionnaire, mainte personne jalouse avait insinué que le mariage ne se faisait plus. Après les annonces chacun continua à dire la sienne, les femmes spécialement. Déjà les servantes de la maison Velena avaient dévoilé les mystères du trousseau et des costumes ; jamais rien de plus beau ne se verrait en ce monde ou dans l'autre. Tout fut augmenté : les robes de soie étaient au nombre de sept ou huit, celles de laine également ; la lingerie, les chapeaux et les bottines se multiplièrent. On dit d'abord que Paolo imposait des privations à la famille, afin de pourvoir luxueusement Angela, et l'on regardait les gros souliers et le vieux paletot d'étoffe grossière de Sebastiano ; ensuite, que cinq mille francs, devenus subitement huit, dix mille, avaient été empruntés, et enfin que Paolo ferait faillite !

9

Tous ces bavardages, rapportés par les domestiques de la maison et les autres femmes de service, faisaient souffrir Angela, qui aurait voulu afficher sur les murs que mille francs lui avaient suffi. Un jour Sebastiano la trouva en larmes.

— Que diable as-tu? lui demanda-t-il.

Elle raconta les commérages et Sebastiano entra dans une grande colère.

— Mais, qu'est-ce que cela te fait? Ne vois-tu pas qu'on parle par envie? Je voudrais savoir qui te répète ces contes ; si je m'en aperçois, écoute-moi bien, j'aplatis la figure à nos reporters...

Angela ne parla plus de rien.

Lorsque Pietro écrivit qu'il avait obtenu son congé, ce fut un vrai remue-ménage : on blanchit la maison et tout fut remis à neuf. Un peu plus, Angela, Lucia et Anna mouraient de fatigue.

Le jour même où le mariage avait été annoncé, après une des messes basses, le fiancé arriva. On approchait de la fin du Carême et les noces devaient être célébrées le soir de Pàques. L'évêque d'Orolà, parent éloigné de Pietro Demeda, daignerait bénir lui-même les époux.

Paolo prit le chemin de fer avec Anna, Lucia et Antonino, pour aller à la rencontre de son futur gendre jusqu'à la station voisine. La fiancée, en toilette de gala, attendit à sa croisée, pendant que Caterina commençait à tourmenter les domestiques, pour faire préparer le café et ensuite le souper.

Lorsque Pietro parut dans le chemin, Angela, pâle d'émotion, le salua de la fenêtre, puis elle alla au-devant de lui jusqu'à la porte. Lui aussi était très-ému et ils s'embrassèrent silencieusement.

Caterina voulut également, dans sa joie, embrasser Pietro et celui-ci en fut un peu interloqué. Il ne dit point ses impressions, mais il trouva Caterina singulièrement développée en quelques mois. Elle était déjà plus grande qu'Anna et beaucoup plus jolie, avec une bouche ravissante et une dentition semblable à celle de Sebastiano, un profil sculptural et de grands yeux noirs très-beaux. Les longs cils recourbés, les sourcils épais, qui se rejoignaient presque, les cheveux ébouriffés, noirs comme du jais, donnaient à la remuante jeune

fille une physionomie bien particulière.Elle s'a-
percevait,même un peu trop,d'être belle ; néanmoins, ses pirouettes et ses brusques mouvements, ses éclats de rire à tout propos, et
jusqu'aux enfantillages qu'elle débitait continuellement, augmentaient son charme, au
lieu de l'atténuer.

Pietro remarqua pendant le souper l'éclat
splendide des yeux de Caterina, et il pensa
qu'elle éclipserait bientôt Lucia. Il ne donna
aucune attention à Anna, complètement effa-
cée par ses cousines.

Quand on eut levé le couvert, Pietro
monta dans la chambre qui lui avait été assi-
gnée et en redescendit bientôt avec un paquet, qu'il défit lentement de ses belles mains
blanches. C'étaient les cadeaux pour Angela.
Tous les attendaient et se réunirent pour
regarder. Pietro ouvrit les écrins de peau,
garnis intérieurement de velours, qui renfer-
maient les bijoux. Il y avait deux gros brace-
lets, deux broches, des pendants d'oreilles et
une bague en brillants, d'autres bagues, une
montre, une chaîne d'or, des ornements pour
les cheveux et des bijoux d'argent pour la
maison.

Les yeux de Caterina brillaient plus que les

diamants ; suivant son habitude, elle commença à toucher et à tout mettre en désordre, avec de grands cris d'admiration, jusqu'à ce que la voix de Sebastiano la fît, comme toujours, rentrer en elle-même.

— Est-ce possible ? Je ne comprends pas que cette enfant soit si mal élevée ! dit-il à sa mère, de façon que chacun l'entendit. Caterina devint toute blanche, elle retira ses mains, et plus tard elle se plaignit amèrement à sa cousine.

— Personne, personne ne pouvait la voir. Qu'elle était malheureuse !

— Pourtant, dit Anna, ton frère te caresse continuellement. S'il te · donne parfois une leçon, c'est parce qu'il t'aime beaucoup.

— Et moi je te dis qu'il t'aime davantage, qu'il aime davantage Maometto, le cheval...

Anna chercha en vain à la persuader.

— Il y a des choses que tu peux conter aux poules, pas à moi, conclut Caterina en courroux, et elle s'endormit les yeux pleins de larmes, décidée à gâter les fêtes par sa bouderie.

Mais, le lendemain, elle ne se rappelait plus rien.

Angela parut avec la chaîne d'or au cou et

Anna cacha sous une gaîté apparente la mélancolie que ses continuelles allées et venues, pour aider sa tante et les domestiques, rendaient encore plus profonde.

Elle avait vaguement espéré le retour de Gonario pour Pâques et Gonario ne reviendrait pas. Que lui importaient les fêtes, si Gonario n'y assistait pas ?   .

Huit jours passèrent comme un tourbillon vertigineux et brillant. La douce et fraîche atmosphère d'avril était embaumée des premiers parfums. Dans la maison, aux fenêtres grandes ouvertes, où ce n'était que bruit de voix et distribution de dragées, l'allégresse du printemps et de la résurrection de Dieu se mêlerait à la joie des noces. Au milieu de cette expansion, la tristesse était pourtant au fond du cœur de quelques-uns, parce que le bouleversement des habitudes paisibles, même pour raisons de fête, cause un grand trouble dans les esprits méthodiques, et parce qu'on songeait au départ d'Angela. Elle aussi était bien préoccupée; vaincue, à certains moments, par une mystérieuse angoisse, elle désirait que le fameux jour ne vînt jamais. Toujours en toilette de cérémonie, elle ne faisait rien, ne devait s'occuper d'aucun détail. Elle passait de longues heures à causer avec son fiancé, essayant de dominer le chagrin qu'elle éprouvait et qui devenait chaque jour plus vif.

Dans tous les appartements c'était un va-et-vient bruyant et continuel. Le trousseau fut lessivé, puis rangé dans des caisses et, enfin, expédié avec les vêtements et tous les objets appartenant à la jeune fille, sauf la robe de mariée et le costume de laine blanche qu'Angela portait et qui devait lui servir pour le voyage. Son trouble augmenta lorsqu'elle vit emporter les colis : quelque chose d'elle-même s'en allait déjà vers l'inconnu. Elle se sentait envahie par une sorte de nostalgie, comme si elle revoyait en songe les lieux chéris que, pourtant, elle habitait encore.

Pietro comprenait tout et il faisait de son mieux, aidé par son futur beau-père et par Sebastiano, pour distraire Angela. On avait organisé de petits concerts, des sérénades, des réceptions et des sauteries ; on n'entendait que rires et compliments ; c'était sur table une profusion de gàteaux, de café, de vins et liqueurs.

Angela souriait à chacun des invités, mais ils défilaient tous devant elle comme en un songe. Elle voyait arriver les cadeaux et les visites à travers un nuage. Ses parents, ses frères et Anna, Caterina et Lucia, empressés et souriants, lui paraissaient différents d'eux-mêmes.

De plus, les petits ennuis auxquels ils devaient se soumettre, l'impressionnaient presque douloureusement. Elle compatissait à la fatigue, à la lassitude que ses sœurs et sa mère subissaient à cause d'elle; elle aurait voulu les leur enlever bien vite.

Ce fut dans ces dispositions d'esprit qu'elle se confessa, communia et fit les visites qui avaient pour double but de prendre congé et d'inviter aux noces. Aussi, montra-t-elle partout une sorte d'indifférence, presque de la raideur ; on l'accusa alors d'orgueil et plusieurs personnes se récusèrent.

Le samedi-saint et toute la journée de Pâques il y eut une extraordinaire affluence de femmes dans la maison Velena. Elles apportaient les présents des amis et des parents : des corbeilles pleines de blé et du vin dans des bouteilles fermées par des fleurs; des pâtisseries de ménage et des tourtes ; des plateaux couverts de fruits confits et d'oranges, des liqueurs, des poules blanches ornées de rubans ; et puis de nouveau du blé et du vin, du vin et du blé.

De même que pour les cérémonies nuptiales dans les pays orientaux, et spécialement dans l'Inde, le riz est le symbole de l'abondance, en Sardaigne on a coutume d'offrir du blé, même pour les noces bourgeoises ou aristocratiques.

Les cadeaux appartiennent exclusivement aux époux. Comme Angela reçut une grande quantité de blé, peut-être pour trois ou quatre cents francs, et qu'elle ne pouvait l'emporter avec elle, sa mère s'engagea à le faire vendre et à lui en envoyer le prix.

Il n'avait plus été question de l'ameublement de la chambre nuptiale, qui devait être fourni par l'épouse, et tous paraissaient l'avoir oublié, mais Paolo Velena y pensait. Les occupations multiples du samedi-saint ne permirent même pas à Caterina de sanctifier, comme d'habitude, l'eau du puits avec l'eau sainte prise dans le petit seau du prêtre bénissant les maisons. Il y avait un mouvement incessant, spécialement pour recevoir les présents et faire bon accueil à celles qui les apportaient, en leur offrant du café et des dragées. Dans la soirée seulement, le père de famille appela Angela dans son cabinet, et lui donna encore mille francs. Il fallait aussi qu'elle sût bien qu'il ne l'oublierait pas dans l'avenir.

— Sois certaine, commença à dire Paolo, que rien ne te manquera...

La jeune fille rougit et ne le laissa pas continuer.

— Nous espérons suffire à tout, répondit-elle précipitamment. Vous savez bien que Pietro ne veut aucune dot.

— C'est bien, va ! dit Paolo, qui ne voulait pas s'attendrir.

Comme par enchantement, le soir de Pâques, un beau soir presque froid, embaumé des parfums lointains apportés par le vent, Angela se trouva mariée. Dans la grande salle de l'évêché, aux tentures de damas, on admira beaucoup la toilette de la jeune épouse ; elle-même fut trouvée plus belle que Caterina et Lucia, quoiqu'elles fussent charmantes dans leurs robes d'un vert très-pâle.

L'or des bijoux resplendissait sur la teinte délicate du satin, et la traîne, qui reposait en gracieuses ondulations sur le tapis, donnait à Angela l'air d'une reine. Il va sans dire qu'elle n'avait pas le voile traditionnel. Presque toutes les mariées sardes de la classe aisée et aussi celles d'un rang élevé, principalement dans les petites villes et les villages, ne se soumettent point à cet usage. Il y en a même beaucoup qui vont se marier avec des vêtements de couleur, prenant seulement les souliers et les gants blancs. Est-ce là un signe d'ignorance, de mauvais goût, ou manque de civilisation ? Il nous semble que non ; cela pourrait, en quelque sorte, prouver l'esprit d'indépendance des Sardes et leur parfaite insouciance de la critique.

La cérémonie terminée, on déplaça une paroi mobile pour agrandir la chapelle de l'évêque, et de son salon Monseigneur fit un long discours aux époux. Mais Angela n'en comprit pas un mot. Il lui semblait que ses pieds ne touchaient pas terre et tout lui apparaissait comme dans un éblouissement. Elle ne le distinguait pas même, *lui*, si élégant et d'une beauté fine et aristocratique dans l'habit noir, qui faisait ressortir sa douce physionomie de blond. Qui l'avait transportée en ce lieu ? Qui l'avait habillée ainsi ? Que voulaient tous ces messieurs, le chapeau à la main, et les dames aux yeux brillants ?

La sensation éprouvée dans le somptueux appartement de Monseigneur se changea en une impression de froid quand on passa à la mairie, heureusement très-proche. Angela revint au sentiment de la réalité, ou, du moins, chercha à se ressaisir.

Son cœur s'emplit d'une grande tendresse lorsqu'elle mit sa signature après celle de *son mari*, et pendant que les témoins signaient aussi elle s'approcha de *lui* en le regardant. Que de foi, de douceur et d'espérance et quel mystérieux émoi dans ce regard ! Pietro le comprit et, au retour, à travers la foule qui se pressait, bien qu'il fût déjà nuit, pour voir le cortège, jetant des fleurs, des confetti et du blé, il la regarda à son tour sous la douce clarté d'un ciel étoilé, et il lui dit :

— Aie confiance !

Anna fit les honneurs de la maison.

Comme les époux devaient partir le lendemain matin, on offrit un souper aux invités, qui tous se montrèrent généreux envers la mariée, lui donnant principalement des monnaies d'or et d'argent.

Bon nombre de femmes s'occupaient du repas, sous l'œil vigilant de Lucia, qui s'était dévêtue et habillée plus simplement en un clin d'œil. Caterina aussi, quoiqu'elle eût préféré aller à droite et à gauche causer avec les convives, descendit pour aider à dresser les tables. Elle prétendait qu'il s'agissait d'un *lunch* et elle était toute fière, pensant déjà à l'article que les journaux de Sassari recevraient certainement de leurs correspondants d'Orolà sur le mariage d'Angela, et où il serait parlé de ce lunch.

— Tu m'amuses avec ton lunch, dit Antonino, qui se tenait dans un angle de la pièce, les bras croisés, comme si de rien n'était. C'est un souper tout bonnement. Je te dis que c'est un souper.

— Souper, dîner ou lunch, moi je te dis, au contraire, que ceci sera imprimé : On offrit un lunch.

— Allons, c'est bon ! tu es comprise !

— Tu ne comprends rien du tout ; mais, va, je n'ai pas envie de...

—Caterina ! cria Nennele du haut de l'escalier.

La fillette laissa tout et accourut près du petit garçon.

— Que veux-tu ?

Nennele boudait parce que personne, au milieu de tant d'embarras, ne pensait à lui.

— Je veux Angela, répondit-il, presque en pleurant ; oui, j'ai quelque chose à lui dire.

— Viens avec moi.

— Non, je n'y vais pas. Appelle-la ici !

Caterina s'éloigna en disant à Nennele qu'elle ferait venir Angela sur le palier, mais le bambin ne vit plus Caterina et encore moins Angela jusqu'à l'heure du souper.

Le repas eut lieu sans incident, animé par les toasts et les joyeux propos. A deux heures, le dernier invité partit. Bientôt après, la maison devint silencieuse ; un calme profond sembla régner sur l'immense désordre des choses et des idées. Mais il dura peu : à l'aube, presque tout le monde était sur pied.

La pauvre maman, pâle et agitée, renferma dans une malle les derniers objets qu'Angela devait emporter. Une heure après, à la gare, la joie fébrile de la soirée et des jours précédents se changeait en amertume et en larmes. Debout sur un mur, Anna regarda pensivement le train, qui fuyait dans l'atmosphère limpide et azurée du matin ; elle éprouva une sensation inconnue, qui devait rester dans sa mémoire comme une de ses plus poignantes émotions.

Les embellissements de la maison lui con-

servaient un air de fête qui, pendant les jours
suivants, contrasta douloureusement avec la
tristesse de ses habitants ; puis, comme toujours, le temps fit son œuvre et l'ordre accoutumé se rétablit peu à peu.

Pour Maria Fara, cependant, le vide laissé
par le départ d'Angela ne se combla point.
Elle comprit qu'une nouvelle phase de sa vie
commençait. L'exode de toute sa famille
n'était peut-être pas éloigné ; avec cette perspective, les mélancolies de la vieillesse et la
fin de toutes choses passèrent devant ses
yeux, comme le songe d'un triste jour d'au-
temne.

Les Passions.

Pendant ses deux dernières années d'études Cesario devint de plus en plus original. Il posait absolument pour le décadent, faisait des dettes et prenait un air de Méphistophélès qui le rendait laid.

Quels étaient ses projets, ses idées splendides? Personne ne réussissait à le savoir, pour la bonne raison qu'il n'en disait jamais rien.

Paolo souffrait, payait sans mot dire et ne supportait même pas qu'on se plaignît autour de lui des sacrifices qu'il faisait pour Cesario.

Un jour il dit rudement à Sebastiano :

— Au moins ce sera un homme, tandis que toi tu es resté un âne.

Sebastiano devint blême, mais il ne répondit pas. Il resta nerveux pendant toute la journée et, pour la première fois de sa vie peut-être, il eut honte de sa position, bien qu'il se répétât : Pourtant certains ânes valent plus que certains hommes.

Il eut un moment la pensée de s'adonner à l'oisiveté, pour prouver à son père combien cet âne lui était utile, mais ce fut un éclair. Après tout Paolo Velena n'était-il pas seul maître de son bien? Et s'il trouvait juste de dépenser le fruit de son travail pour un de ses fils plus que pour un autre, quel droit avait cet autre de se lamenter ?

Toutefois, Sebastiano se plaignit à sa mère, qui sut parfaitement le calmer.

— Cette année tout sera fini, mon enfant, aie patience, lui dit-elle. De retour ici Cesario prendra du jugement, tu verras. Et il nous sera si utile ! Tu sais bien que nous avons besoin d'un avocat à la maison...

Elle ne parla pas de l'honneur que ce titre ferait rejaillir sur toute la famille, bien qu'elle pensât surtout à cela.

— C'est très-bien, maman, mais au moins il devrait y avoir de bonnes paroles pour nous.

— Oui, mais tu sais aussi...

Et elle lui récita ces vers connus et populaires en Sardaigne :

In maiu cantat s'arana
e frorit sa prunischedda.
A chie male faeddat
peius risposta li dana.

« En mai chante la grenouille
et fleurit le prunier.
A qui parle mal
pire réponse ils font. »

Sebastiano reconnut, en effet, son tort d'avoir trop crié contre son frère et il baissa la tête.

En lui-même Paolo Velena ne donnait pas raison à Cesario et il s'adressait une foule de reproches, car il doutait fortement du superbe avenir ouvert devant le jeune homme.

Il oublia tout et poussa un grand soupir de soulagement lorsque Cesario fut enfin avocat. Le nouveau lauréat avait été un vrai cauche- mar pour son père pendant ces dernières an- nées. Les lourds impôts que Paolo avait à payer tous les deux mois, ne lui causaient pas autant de soucis. Personne ne savait au juste les sommes dissipées par le jeune homme, mais Paolo dit un jour que si l'on pesait Cesa- rio, son poids n'égalerait pas celui de l'or dépensé pour ses études.

Désormais, il n'était plus question de cela. Voici l'avocat Velena qui revenait. Les yeux de Maria brillaient d'une joie tendre et fière ; la maison acquérait une distinction, un titre, une sorte de noblesse.

Cesario revint définitivement quinze ou seize mois après le mariage de sa sœur. Il était toujours très-maigre, d'une pâleur cadavérique, que la teinte grise de son vêtement et de son chapeau faisait ressortir encore ; à sa mère il sembla le plus respectable avocat du monde.

A cette occasion on renouvela presque les fêtes des noces d'Angela, selon la coutume. Les cadeaux, en blé surtout, affluèrent ; les paysans et les bergers des Velena apportèrent leur affectueux tribut, et les servantes, que l'on récompensa ensuite généreusement avec des pièces d'or, firent confectionner deux magnifiques tourtes d'amandes et de miel.

Le sceptique Cesario passa au milieu des riches et des pauvres comme un dieu fatigué d'hommages. Il parut ne s'apercevoir de l'amitié de personne, ou croire que tout était feinte et mensonge, cachant de profondes jalousies, comme c'était peut-être le cas pour quelques-uns.

Avec ses parents il se montra pourtant, con-

tre son habitude, affectueux et même expan-
sif ; à sa mère, particulièrement, il raconta
beaucoup de choses et témoigna presque un
vrai repentir de ses fautes.

A l'époque du dernier carnaval, il était allé
à Florence, et pendant quinze jours il y avait
absolument mené une vie de grand seigneur.
Dans l'hôtel où il était descendu, il avait imaginé de se faire passer pour un marquis, s'ins-
crivant comme tel sur les registres. La chose
était plaisante, car il s'était attribué le mar-
quisat d'un des plus misérables villages de la
Sardaigne.

En partant, il avait laissé, épars dans sa
chambre, des chemises de soie à peine portées,
des gants et des cravates, comme un noble
personnage n'ayant que faire de ces objets
après une ou deux semaines.

Maintenant il regrettait de pareilles sottises.
Et puis, voulût-il les renouveler dans son pays,
il ne le pourrait. Pourquoi ? Il ne le dit pas. Il
avoua beaucoup d'autres méfaits de ce genre,
pour se faire pardonner, mais il se gardait
bien de les conter devant son père ou en présence de Sebastiano, vêtu d'une simple jaquette de chasse, et qui probablement n'avait jamais
vu de chemises de soie.

Cesario parla aussi d'Angela et de son mari. Il était allé les voir avant son retour et les avait trouvés parfaitement installés.

Il répéta tout ce que l'on savait déjà par les lettres fréquentes de la jeune femme. Au début, la nostalgie s'était complètement emparée d'elle, jusqu'à la faire dépérir physiquement ; ensuite elle s'était habituée peu à peu à l'air, à l'existence et aux habitudes de la Haute-Italie. Les mœurs y sont autres que dans le reste de la péninsule et bien différentes des coutumes particulières et caractéristiques de la Sardaigne.

Angela avait pris rang dans la société élégante ; elle avait un salon, ses jours de réception, elle allait au théâtre, aux concerts et aux conférences. Elle et son mari paraissaient être en bonne santé, et si leur seul regret était de n'avoir pas d'enfant, il n'y avait pas encore lieu de se désespérer. Angela comptait revoir son pays l'hiver suivant, à l'époque où Pietro pourrait l'accompagner, en venant pour l'élection des nouveaux députés.

Tout cela était fort bien et la famille en éprouvait un grand contentement. Hélas ! les fronts rassérénés s'obscurcirent de nouveau lorsque Cesario se risqua à parler de son désir, pour l'accomplissement duquel il avait prodigué tant de cajoleries et d'effusions inaccoutumées: il rêvait de retourner sur le continent, pour faire son stage près d'un célèbre avocat.

On s'y opposa énergiquement. Maria, un peu éblouie, aurait peut-être cédé, mais elle n'osa et Paolo s'exprima durement. Non, la famille ne pouvait s'imposer de nouveaux sacrifices. Pourquoi Cesario ne resterait-il pas à Orolà ? Les avocats sardes n'étaient donc pas chrétiens ? Et d'où venait cette lubie de faire aussi son stage outre-mer ? Cela était certainement un prétexte ; le véritable désir était de continuer une vie de plaisirs, qui consumait Cesario et en même temps ruinait ses parents.

— Expliquez-vous clairement, s'écria Paolo, employant sérieusement le *vous*. Que pensez-vous faire ? Voulez-vous être avocat ou suivre la carrière administrative ? Voulez-vous concourir pour un poste de professeur ou de sous-secrétaire en quelque ministère ?

— Je veux être avocat, riposta fièrement Cesario.

— Très-bien. Vous pouvez alors rester ici ; pourtant tu es libre, si tu veux t'embarquer, pars, mais ne compte plus sur nous.

Paolo se radoucit peu à peu, il s'attendrit et, volontiers, se serait mis à pleurer. Depuis quelque temps ses affaires ne prospéraient pas ; les mauvaises années diminuaient les revenus, malgré l'activité de Sebastiano ; il semblait enfin qu'avec les forces du maître le succès disparût.

Cesario comprit et n'insista pas davantage. Comme il n'était pas fou il ne songea point à partir à l'aventure, d'autant plus qu'à l'instigation de son père on ne lui fit crédit nulle part maintenant.

Il resta et commença son stage près d'un avocat en renom, mais sa gaîté éphémère s'évanouit et, dorénavant, il ne se laissa aller à aucune expansion. Accablé de nouveau par l'ennui et la lassitude, il se montra plus insupportable que jamais. Ne pouvant mieux faire, il essayait de jouer au grand personnage au milieu des siens et portait le trouble dans les habitudes patriarcales de la maison. Rien ne le contentait, pas même la manière dont Lucia et Anna faisaient son lit. Il aurait probablement voulu dormir sur des feuilles de roses. Il lui fallait des mets exquis et recherchés, les vins généreux ou les boissons légères, suivant l'humeur du moment. D'ailleurs, il mangeait et buvait très-peu, se plaignant de son estomac en toute occasion.

Son linge était blanchi et repassé d'une façon particulière. Enfin chacun le traitait comme un être supérieur et se pliait avec bonté à ses exigences, parce qu'on l'aimait, en définitive, et l'on se rendait compte qu'après cinq ou six ans d'une vie facile et fastueuse il se trouvait maintenant comme un déclassé. Le mystère même de ses réflexions, qui pouvaient être très-douloureuses, attirait vers lui. Et puis encore il avait ses misères physiques, et tous, à commencer naturellement par sa mère, cherchaient à l'entourer de soins, ne fût-ce que par compassion.

Anna avait alors dix-huit ans et demi ; Caterina était dans sa dix-septième année.

Cette dernière jouait encore, elle dansait et chantait, minaudait ou passait de longs moments à se balancer ; elle personnifiait surtout la gaité. Beaucoup plus grande et plus belle que sa cousine, elle avait déjà une cohorte d'adorateurs. Tous les élèves du collège, spécialement les camarades d'Antonino, de douze à quatorze ans, étaient amoureux de Caterina. Il y avait aussi quelques professeurs, des collègues de Cesario et des amis de Sebastiano, dans le monde qui lui était familier, auxquels la jeune fille plaisait un peu trop. Tous la connaissaient et quand on parlait de la *sœur de Sebastiano Velena* il ne pouvait être question que d'elle. Lucia était un peu laissée de côté ; elle avait eu aussi beaucoup d'admirateurs, elle en avait encore, mais elle arrivait à vingt-deux ans sans avoir rencontré l'objet de ses rêves. En Sardaigne on remarque souvent ceci, que les belles filles et les plus courtisées sont celles qui tardent davantage à se marier, si même elles ne restent célibataires.

Lucia était ambitieuse parce qu'elle se savait jolie. Le mariage d'Angela lui avait semblé presque médiocre ; pour elle-même elle visait plus haut. Elle voulait des titres, ou au moins un homme instruit et riche. Comme elle joignait à son positivisme une bonne dose de poésie et que le bien-aimé devait être beau, jeune et spirituel, elle en était encore à rêver.

Il n'est pas possible de trouver tant de choses réunies. Dans une petite ville spécialement, tous ne peuvent être chevaliers ou gentilshommes à leur gré, ni avoir en même temps fortune, jeunesse et beauté. Ceux qui ont un joli visage et une belle tournure ne sont pas toujours des lauréats, et ceux-ci sont souvent loin d'être riches. Lucia avait eu des séries de prétendants, mais trop modestes pour ses désirs. Quelqu'un peut-être avait touché son cœur, car enfin il est absolument impossible de traverser les plus poétiques années de la vie sans aimer ; jamais la passion n'avait été assez vive pour aboutir au mariage.

Certains hommes, et ils étaient nombreux, connaissaient l'ambition de Lucia Velena, ambition partagée, du reste, par toute la famille, et, s'ils admiraient la jeune fille, ils se gardaient bien d'en devenir amoureux ou de lui faire sérieusement la cour.

Voyant approcher ses vingt-trois ans, Lucia éprouvait quelquefois une terrible anxiété : avait-elle eu trop de prétentions ? Allait-elle vieillir sans jamais rencontrer son idéal ? Rien n'est plus terrible que la pensée de rester fille, quand on a toujours imaginé le bonheur dans le mariage et là seulement. Pourtant elle se consolait vite en évoquant le souvenir d'autres personnes mariées après trente ans, et en passant en revue les demoiselles d'Orolà, toutes plus âgées qu'elle. Finalement, elle était heureuse au sein de sa famille ; ne pouvait-elle attendre encore ? Sa renommée était sans tache, son éducation parfaite ; de plus, elle appartenait à une famille aisée : donc le prétendant rêvé viendrait un jour, bientôt peut-être. En attendant, le nid domestique était si doux, il faisait bon y vivre sans aucun souci ! Autour d'elle ce n'était qu'affection et sympathie ; on l'aimait et on la respectait, justement à cause de ses sentiments et parce qu'elle passait sans amour ses plus belles années, dans l'attente d'un parti merveilleux qui aurait élevé bien haut le nom des Velena !

Maria Fara pouvait le dire hautement, ses filles faisaient honneur à l'éducation maternelle, et les romans si fréquents dans les riches familles sardes, où les jeunes filles s'éprennent de jeunes gens pauvres et luttent pour suivre leur inclination, n'étaient pas à craindre dans sa maison. Elle espérait les établir toutes plus que convenablement et, à l'égard de ses fils, elle caressait aussi de brillants projets. Pour Sebastiano elle pensait souvent à une riche et très-belle personne, ayant conservé le costume du pays. Elle s'appelait Sidra (Isidora) Marraï ; elle était fille unique et convoitée par bien des jeunes gens, même des messieurs, à cause des propriétés et des nombreux troupeaux que possédait son père. Maria en parla un jour, mais Sebastiano ne voulut rien entendre.

— Non, dit-il, je ne pense pas encore à me marier.

Il tomba alors dans une vraie tristesse. Il avait précisément compté s'entretenir d'Anna avec sa mère ; maintenant la révélation de son amour serait peut-être inopportune. Il voyait clairement qu'on aspirait à la richesse pour lui, et Anna était pauvre, très-pauvre en comparaison de Sidra Marraï.

C'était comme si on parlait à Sebastiano d'un mauvais mariage pour Lucia ou pour Caterina la chérie. Se croyant certaines de leur félicité dans une telle union, elles finiraient sans doute par obtenir son consentement ; mais quel profond déplaisir, quelle humiliation n'en ressentirait-il pas ? Il garda le silence et, pour que le temps s'écoulât moins douloureusement, il s'adonna au travail plus encore, s'il était possible. Il passait souvent les nuits dans la campagne, et le jour il allait à cheval de vigne en vigne, de domaine en domaine, surveillant tout, encourageant les ouvriers, les gardiens et les fermiers.

Paolo Velena aurait voulu l'associer définitivement à son commerce et à ses entreprises, mais il refusa.

— Non, dit-il, je suis agriculteur, je mourrai agriculteur.

Sans oser l'avouer, Sebastiano trouvait une sorte de malhonnêteté à de semblables négoces. Au lieu de raser les bois de la Sardaigne, il eût été heureux de les multiplier ou, au moins, de les repeupler. Il aurait désiré employer les gens qui écorçaient les chênes, les charbonniers et les charretiers à défricher et à cultiver les terrains improductifs, faisant ensemencer les vallées couvertes de pruniers et de pervenches, et conduire des troupeaux dans les pâturages abandonnés.

Quand Sebastiano parlait de ces choses, on le regardait avec un sourire un peu ironique, et Cesario le raillait ouvertement. Le genre de vie de Sebastiano avait cependant pour résultat de le rendre fort, sain et robuste ; il dormait à poings fermés, tandis que Cesario toussait toute la nuit. D'ailleurs, on verrait plus tard. S'il avait eu la certitude de pouvoir un jour épouser sa cousine, personne n'eût été plus heureux que Sebastiano ; mais, hélas ! il en doutait trop dorénavant.

Gonario Rosa, qui avait terminé ses études de droit un peu avant Cesario, faisait son stage près du même avocat que son ami. Leur liaison était toujours aussi intime, et leur manière d'être à l'égard l'un de l'autre n'avait pas changé. Si l'avenir ne se présentait pas très-brillant, Gonario n'avait pas à s'en préoccuper pour lui-même, il était riche, un des plus riches peut-être d'Orolà. Il aurait à lui seul un patrimoine équivalent à celui des Velena réunis. Seulement son père était un homme assez dur et le jeune avocat ne profitait guère de ses richesses ; il était obligé de filer droit, bien qu'il trouvât encore le moyen de s'amuser et de faire du luxe. Il travaillait avec nonchalance, sûr d'abandonner plus tard sa profession, et il restait, sous le rapport du talent, bien inférieur à Cesario. C'était, malgré tout, un des meilleurs partis de la ville, un de ceux rêvés par Lucia, et pourtant elle ne faisait pas attention à lui, elle n'y pensait même pas, quoiqu'il fréquentât toujours la maison, traitant familièrement les jeunes filles. L'avocat Rosa était absolument antipathique à Sebastiano et à Lucia, et ils ne se gênaient pas pour mal parler de lui. Pourquoi ? Ils n'auraient su le dire.

Sebastiano surtout le haïssait secrètement, et quand il s'aperçut qu'Anna et Caterina souffraient de l'entendre critiquer, sa haine augmenta. Lui. si indulgent pour tout le monde, il ne pardonnait ni un défaut, ni une imperfection, ni une parole mal dite à Gonario.

Celui-ci, au contraire, cherchait depuis quelque temps à se rapprocher de Sebastiano, lui faisant inutilement mille amabilités ; Sebastiano l'évitait ou ne lui accordait aucune attention. Les rôles étaient changés ; Gonario semblait occuper un rang inférieur, et quelquefois il en était visiblement humilié. Anna suivait d'un œil pensif et scrutateur les mouvements et le manège des deux jeunes gens. Avec ses camarades aussi Sebastiano médisait de Gonario, quand l'occasion se présentait de le nommer, principalement avec Cicito (Francesco) Tossu, un ami intime et de sa condition.

Ils se réunissaient dans la grande pièce où Sebastiano avait coutume d'offrir des rafraîchissements à ses compagnons, et les causeries se prolongeaient assez tard. En traversant la cour, Anna saisissait au vol quelques mots, et lorsqu'elle sortait avec Caterina pour chercher la fraîcheur, toutes deux entendaient bien des choses.

Anna connut ainsi les sentiments hostiles de son cousin ; elle en éprouva un grand trouble. Elle s'imagina que Sebastiano avait découvert son secret et que là était la cause de tant d'amertume.

Un soir, à souper, Cesario lança quelques sarcasmes contre son ami, qui était allé à la chasse au mouflon dans les montagnes, avec un Anglais venu exprès en Sardaigne pour chasser. Sebastiano saisit immédiatement l'occasion de dénigrer celui qu'il ignorait pourtant être son rival. Cesario était, contre son habitude, de bonne humeur ; il chercha à détourner la conversation en se moquant des chasseurs anglais et en racontant de drôles petites histoires.

— Souvent, disait-il, ils achètent à des prix fabuleux des peaux de mouflons, de cerfs et de sangliers, et ils les rapportent comme trophées de chasse, tandis qu'ils n'ont tué que des lièvres et des perdrix.

Caterina prit la défense des Anglais ; elle avait vu le chasseur parti avec Gonario et il lui avait plu, malgré sa veste courte et son chapeau de liège. Sebastiano ne voulut point en démordre : pour lui Gonario Rosa était plus ridicule que les Anglais. Ce soir-là il n'épargna pas non plus Giovanni Rosa, le père de l'avocat. Anna souffrait ; il lui sembla que Sebastiano s'était tourné vers elle, parlant ainsi pour la contrarier.

Tout-à-coup, elle se leva brusquement, monta dans sa chambre et se jeta sur son lit en pleurant et cherchant à étouffer ses sanglots avec son petit mouchoir brodé.

Oh ! qu'elle était malheureuse ! Décidément, Sebastiano connaissait son secret, et il se plaisait à la tourmenter de cette manière. Pourquoi ? Si Gonario l'avait vraiment aimée et l'eût demandée en mariage, cela n'aurait-il pas été un bonheur extrême pour toute la famille ?

Mais Gonario ne l'aimait pas, c'était trop certain. Une année auparavant, pendant les vacances, il avait continué à la courtiser délicatement, si l'on pouvait appeler délicatesse sa façon de procéder. Anna s'était illusionnée et la passion avait grandi dans son jeune cœur, avec les rêves enchanteurs du premier amour. Maintenant tout s'évanouissait misérablement ; l'avocat paraissait ne plus se rappeler l'étudiant, et Anna ouvrait enfin les yeux, effrayée et perdue dans le vide immense causé par sa déception.

Depuis que Gonario avait recommencé à fréquenter la maison, il n'avait presque pas adressé la parole à la jeune fille. Il ne la regardait pas seulement, il ne s'apercevait point de sa présence.

La pauvre petite Anna éprouvait une humiliation profonde. Pourtant rien n'était changé en elle : ses cheveux étaient toujours splendides ; ses mains, devenues fines et blanches, travaillaient merveilleusement, tremblant quelquefois légèrement sur les broderies Richelieu, dans la tristesse d'un souvenir lointain. Anna comptait à peine dix-neuf ans, et déjà les songes disparus, les douleurs mystérieuses et une cruelle désillusion laissaient une ombre dans ses yeux.

Gonario ne l'aimait pas. Pourquoi donc l'aimait-elle encore, sans espérance, comme sans trève ni merci ?

Elle ne l'accusait point, parce qu'elle ne se souvenait pas qu'il lui eût jamais adressé un

véritable parole d'amour ; elle ne gardait aucun ressentiment contre lui ; pourtant elle
comprenait qu'il y avait chez ce jeune homme
quelque chose de vil et de méprisable et elle
en était presque honteuse. Quand Sebastiano
faisait ressortir, d'une façon acerbe, les vilains côtés du caractère de Rosa, elle souffrait
horriblement.

Sa peine n'était pas moindre lorsque Caterina prenait hardiment et chaleureusement la
défense de Gonario.

Caterina allait trop loin ; elle devenait écarlate et, à bout d'arguments, elle exhalait sa
colère contre Sebastiano en termes violents.
Maria Fara finissait par la gronder, Lucia riait
à en perdre le souffle, et Anna était prise d'un
doute atroce, tout en donnant raison à sa
jeune cousine.

En y réfléchissant ensuite, elle blêmissait
d'épouvante. Non, c'était impossible, Dieu ne
devait pas permettre cela. Qu'avait-elle fait
pour mériter une pareille punition ? Elle s'accusait de péchés graves et disait enfin, l'angoisse dans le cœur : Oui, je l'ai mérité, parce
que j'ai péché, mais le Seigneur n'usera-t-il
pas de miséricorde envers moi ?

Elle en arrivait à croire que son amour

même, si pur et si triste, était un péché. Je porte en moi le châtiment, pensait-elle, et partout. L'âme humaine succombe, mais dans la faute est la pénitence.

Elle se figurait avoir déjà beaucoup vécu et souffert. A l'église personne ne priait avec plus de ferveur qu'elle ; au moment de l'Élévation, quand l'organiste faisait entendre deux seules notes, comme un soupir ou un sanglot, Anna cachait son visage dans ses mains et s'abîmait dans une adoration profonde, au point qu'elle s'imaginait être déjà morte et ensevelie. Revenue au sentiment de sa douleur, elle croyait ce moment le plus opportun pour demander grâce. Oui, Dieu était là, dans la vapeur embaumée de l'encens et la clarté rayonnante des cierges. Anna en était sûre et le cri de son âme en détresse montait avec la voix de l'orgue. « Mon Dieu, donnez-moi la paix du cœur ; mon Dieu, aidez-moi ! »

Parfois elle osait demander l'impossible : mais qu'y a-t-il d'impossible pour le Seigneur ? « Mon Dieu, faites qu'il m'aime ; mon Dieu, ayez pitié de moi ! »

Puis, dans le désarroi complet de son esprit, l'idée d'être aimée de *lui* l'épouvantait. Elle

désespérait de la puissance de Dieu et se reprochait encore ce péché.

— Mon Dieu, que votre volonté soit faite !
disait-elle, et ses yeux s'emplissaient de larmes.

Cependant Anna sentait presque toujours
en elle une force, un désir intense de sacrifice;
un grand amour pour tous et pour tout s'emparait d'elle et, dans un véritable élan de foi
enthousiaste, elle disait encore :

— Faites-moi souffrir, mon Dieu, mais que
les autres soient heureux, tous, sans exception,
lui aussi, *lui* surtout. Mon Dieu, mon Dieu,
faites que j'aie beaucoup à pardonner, faites-
moi souffrir, donnez-moi les chagrins des
autres.

Et elle caressait Caterina, elle allait vers
chacun avec de bonnes paroles. Qu'il survînt
une dispute, Anna savait à merveille adoucir
les esprits. A la vérité, les querelles ne du-
raient guère; en tout cas on voyait sa louable
intention.

Elle entrait chez Paolo Velena et lui demandait s'il désirait quelque chose.

— Non, ma petite Anna.

— Faites-moi écrire, s'il-vous-plaît.

Le plus souvent Paolo y consentait et lui

faisait copier ses ennuyeuses lettres de commerce, assuré de pouvoir se fier à l'orthographe et à la discrétion de la gracieuse secrétaire.

Deux ou trois fois Sebastiano s'était trouvé seul dans le bureau avec Anna.

Lui aussi écrivait pour le compte de son père. Dans le silence un peu lourd de la chambre, on entendait le grincement régulier des plumes. Celle d'Anna s'arrêtait de temps en temps, pendant que le regard de la jeune fille parcourait le copie-lettres, puis elle reprenait sa course sur le papier filigrané.

On aurait juré, en ces moments-là, que nulle passion n'agitait ces deux êtres, que leurs esprits n'avaient aucune préoccupation, et pourtant ils rêvaient à de bien tristes choses.

Anna frémissait sous le regard de Sebastiano ; elle était certaine désormais qu'il connaissait son amour et le jugeait coupable. Elle osait à peine regarder le jeune homme, une peur singulière la faisait rougir chaque fois qu'il lui adressait la parole. Sebastiano, de son côté, se troublait, quoiqu'il recherchât semblables occasions. Il aurait voulu parler et ne le pouvait pas...

Après avoir commis bévue sur bévue dans les comptes et les bulletins, il se traitait de stupide et se décidait..... pour une autre fois.

Enfin, l'explication eut lieu, comme cela devait arriver.

Le drame commence.

Ce jour-là Anna était de très-mauvaise humeur. Gonario Rosa, revenu de la fameuse chasse, avait apporté à Caterina une rose magnifique et rare pour la saison : on était aux derniers jours d'octobre.

A peine le jeune avocat parti, Caterina, folle de joie, commença à dire devant tous, excepté Sebastiano, que Gonario lui faisait la cour.

Anna sentait son cœur se briser.

Après le dîner, elle alla s'asseoir sous la tonnelle, qui conservait encore toutes ses grappes, tandis que les pampres jaunis tombaient mélancoliquement ; elle chercha à relever son courage en lisant le Psautier, comme elle faisait souvent malgré les risées de Caterina.

Mais la lecture spirituelle finit par l'attrister encore davantage. Elle était frappée par certains versets, qui représentaient en quelque sorte l'état de son âme et son abaissement.

« Je suis pauvre et affligé depuis mon enfance ; j'ai grandi dans l'humiliation et l'opprobre. »

Caterina vint s'asseoir près de sa cousine et voulut plaisanter. Anna ne répondit pas ; les yeux tristement fixés sur le livre, elle lut et relut le fameux verset. Oui, décidément il en était ainsi pour elle !

Sa peine redoubla à la pensée que Caterina savait aussi son secret et s'en moquait.

Elle ferma le livre saint et rentra à la maison pour préparer le café, qu'on prenait habituellement deux heures après le repas. Quand elle le porta à son oncle, il lui demanda si elle était disposée à écrire et lui donna deux lettres à copier.

— Je sors à cheval, dit-il, tu les fermeras toi-même et tu les feras mettre à la poste.

Il apposa sa signature où les lettres devaient finir et il sortit avec Anna, qui remportait le plateau.

Peu après, la jeune fille revint et s'assit devant sa table, bien qu'elle n'eût point envie d'écrire. Une grande fatigue s'emparait d'elle et, dans la tristesse qui la dominait pour quelques instants, elle aurait voulu appuyer son front sur quelque chose, plonger sa tête dans un moelleux coussin, qui lui donnerait le repos, le sommeil et l'oubli...

Dans ces moments d'amertume, causés par la jalousie qu'Anna combattait de toute la force de son bon cœur, la pauvre enfant se rappelait avec attendrissement son village et sa grand'mère, la vieille maison jaune, où elle eût été heureuse de retourner comme elle en était partie, petite, laide, vêtue de noir, mais tranquille et contente malgré ses larmes. Elle se voyait comme étrangère désormais dans la maison des Velena, n'ayant plus part à l'affection, à la vie intime et morale de cette famille à elle et pas à elle. Un remords lui venait ensuite de son ingratitude.

Anna pencha son front et, quoiqu'elle eût fermé les yeux, il lui sembla regarder fixement un gouffre profond et obscur, qui était sa conscience. Encore une fois elle pensa avec angoisse :

— Je suis mauvaise et ma méchanceté est pire parce que je me crois bonne. Mon Dieu, Seigneur très-saint, donnez-moi la foi et la charité... faites que je sois utile à ceux qui m'ont fait du bien...

La porte s'ouvrit lentement et Sebastiano

entra. Anna eut à peine le temps de relever la tête et de prendre sa plume, et la crainte d'avoir été surprise la fit rougir.

Sebastiano eut l'air de ne rien voir. Il était tête nue, sa veste et son gilet ouverts sur la chemise blanche. Il s'assit au petit bureau, séparé de la table devant laquelle se tenait Anna, mais adossé à la même paroi, sous les casiers, et il se mit à écrire rapidement.

Anna copiait. Pendant plusieurs minutes on n'entendit, comme d'habitude, que le bruit léger des plumes sur le rude papier commercial.

A travers les vitres bien nettes, un doux soleil d'automne éclairait le bureau ; un rayon d'or venait jusqu'à la jeune fille et à sa main gauche, posée sur la marge du feuillet. Vue ainsi, cette main était très-blanche, et les ongles délicats paraissaient lumineux.

Pendant cette tiède après-midi, aucun bruit n'arrivait, ni du chemin, ni de la maison, à la pièce où travaillaient les jeunes gens ; Sebastiano pouvait se figurer être seul avec sa cousine dans la paix infinie d'une habitation de campagne.

Anna, complètement calmée, finit sa lettre, la relut et la plia.

— Pourquoi pleurais-tu quand je suis entré? demanda Sebastiano, sans interrompre son travail.

— Est-ce que tu rêves?... dit Anna.

Elle se replia sur elle-même et commença à trembler, saisie de nouveau par une peur étrange. Le petit rire qui accompagna ses paroles ressemblait à un sanglot.

— Je ne rêve pas, tu le sais bien, Anna, ô Anna!... reprit Sebastiano, écrivant toujours. Sa voix était grave et monotone; il semblait répondre machinalement, en pensant à autre chose.

— Non, je ne te comprends pas... murmura la jeune fille. Elle plaça nerveusement la lettre dans une enveloppe azurée, et comme son cousin se taisait, elle ajouta en manière de réflexion :

— Pleurer?... mais regardez quelle idée! Tu m'as vue, toi? Je ne sais pas pourquoi je pleurerais.

Sebastiano cessa tout-à-coup d'écrire et se retourna complètement vers elle.

— J'ai quelques mots à te dire. Il y a longtemps que je devais te parler, mais aujourd'hui seulement j'ai eu la certitude...

— De quoi? demanda Anna, en préparant un second feuillet.

— Des caprices que tu as en tête...

— Mon Dieu, qu'est-ce qui te prend, Sebastiano?

Tout en s'efforçant de plaisanter, elle aurait voulu fuir, s'enfoncer sous terre, ou se cacher, ne pouvant mieux, derrière la feuille de papier. Elle essaya de se lever et de sortir, elle n'en eut pas la force. Qui sait la scène que lui ménageait Sebastiano? Bien loin de le regarder en face, elle baissa la tête, au point que ses cheveux effleuraient la table.

— Entends-moi, Anna, dit le jeune homme, je veux ton bonheur, ton bonheur seul, parce que, tu le sais, je... t'aime... comme une sœur... non, davantage.

— Je ne te comprends pas, répondit encore Anna, en prenant un air froid et digne.

— Oh! tu me comprends mieux que je ne le désire!

Il se leva et rougit à son tour, parce qu'il ne trouvait pas les paroles opportunes. Enfin, que voulait-il dire à sa cousine? Il n'avait rien à lui reprocher!

Il la regarda : elle pâlissait maintenant à vue d'œil. Pourquoi la chagrinait-il ainsi, au

lieu de la réconforter? Il sentit toute la douleur d'Anna et se traita intérieurement de misérable, avec un grand mépris pour lui-même.

Soudain, il pensa s'être trompé et une immense tendresse emplit son cœur. Il se repentit
d'avoir parlé; son regard eut une expression
d'amour indicible, et le désir de prendre cette
tête chérie dans ses mains et de dire : Pardonne-moi! le fit avancer d'un pas. Tout cela
eut la durée d'un éclair.

Quand il se fut rapproché d'Anna, il lui
sembla sacrilège de la toucher, ne serait-ce
qu'avec un doigt. Il vit les mains de la jeune
fille, éclairées toutes deux par le soleil dans
ce moment, et il s'avoua ne les avoir jamais
remarquées. Oh! quelles jolies mains de
dame! Et lui, il était un paysan! Oui, Gonario
devait l'aimer! Gonario était un monsieur, il
fallait qu'il se mariât avec Anna.

Sebastiano continua tout haut son raisonnement, avec un amer sourire :

— Après tout, Anni, je suis un sot, tu as raison. S'il t'aime, c'est un excellent parti, mais,
vraiment a-t-il de bonnes intentions ?

— De qui parles-tu ? Qu'est-ce que l'on a pu
te raconter? répondit-elle. Anna écrivait, sa
figure toujours presque au niveau de la table,

et elle essayait de se calmer, tandis qu'elle avait la mort dans le cœur.

Sebastiano, impatienté, passa de l'autre côté et la regarda en plein visage.

— Allons, ne fais pas l'innocente. C'est désormais une chose notoire...

— Quoi? Comment? Qu'en sait-on? gémit Anna.

C'était le cri de son âme éperdue. Sa voix s'éteignit dans un sanglot et la plume tomba de ses doigts, maculant la lettre commencée. Sebastiano comprit toute l'étendue de la passion d'Anna; il comprit aussi qu'elle n'était pas payée de retour, et pendant une minute il en ressentit une joie mauvaise. Ensuite il s'adressa de nouveaux reproches; cependant il ne sut pas encore exprimer sa pensée.

— Tu vois! toi non plus, tu ne le nies pas...

— Mais, qui le dit?

A présent, la jeune fille relevait fièrement la tête, et d'un regard sévère contraignait son cousin à baisser les yeux.

— Personne ne le dit, je l'ai deviné, moi. Je croyais, Anna, excuse-moi s'il n'en est pas ainsi, je croyais que vous étiez secrètement d'accord. Ecoute, c'est dans ton intérêt que je

parle, j'allais te dire : Ne cache rien à ma famille, qui est aussi la tienne...

— Sebastiano...

— Laisse-moi continuer, attends un moment.
Je voulais donc te dire : Nous n'avons aucun
droit sur toi et tu peux faire ce que tu veux.
Seulement, nous t'aimons tous, tous, comprends, et moi peut-être plus que les autres...
nous t'aimons et nous voulons ton bonheur.
S'*il* a véritablement de bonnes intentions, il
doit s'expliquer, il doit...

— Mais rien, rien n'est vrai !...

— Il doit y avoir quelque chose, ou il y a
eu quelque chose, Anna, ne t'en défends pas.
Attends...

Sebastiano alla vers la porte, l'ouvrit pour
s'assurer que personne ne pouvait entendre,
et après l'avoir refermée soigneusement, il
revint près de sa cousine.

Dans ce peu d'instants, une pensée géné-
reuse était venue à Anna : se confier entièrement à Sebastiano et lui avouer son amour,
qui, parfois, lui pesait comme un fardeau, précisément parce qu'ignoré de tous il lui semblait presque coupable, à elle si droite et si
franche. Depuis que Caterina lui échappait,
Anna se sentait isolée et, plus que jamais, dé-

sireuse d'un appui, d'une amitié solide et réconfortante. Pourquoi Sebastiano ne serait-il pas son ami, son frère?

Anna, qui avait toujours été fille unique, se figurait qu'un frère peut recevoir certaines confidences du cœur, que l'on ne fait, au contraire, qu'à des personnes étrangères, éloignées quelquefois, mais unies à nous par les liens très-doux d'une affection idéale.

Quand Sebastiano se rapprocha d'elle, Anna éprouva, à son tour, le désir d'appuyer son front sur la poitrine de son cousin en disant : Je suis bien malheureuse... aide-moi à oublier... éloigne-moi d'ici !

— Raconte-moi tout, Anna, sois sincère. Je ne te ferai aucun mal... je pourrai peut-être même t'aider... mais sois franche. Donc?...

— Donc, il n'y a rien, il n'y a jamais rien eu, je te le jure...

— Allons, il n'y a pas besoin de jurer, je te crois sans cela ; pourtant ne me dis pas qu'il n'y a rien eu. Et alors?

— Je ne sais pas, je ne sais rien, moi non plus, je ne puis dire ce qui est arrivé... Sebastiano...

Anna baissa de nouveau la tête et un frisson parcourut tout son corps.

Sebastiano fut presque effrayé ; la même voix lui répéta : Misérable ! et lui demanda ce qu'il voulait d'Anna. la plus pure des jeunes filles.

Avait-il le droit d'interroger et de savoir ? Quel juge pouvait-il être et quel était son but ?

Mais la jalousie l'éperonnait. Il voulait savoir, il voulait souffrir, il voulait s'assurer que tout avait été pour lui illusion et songe, qu'il ne devait rien espérer. Il se raidit contre la douleur d'Anna et contre sa propre souffrance : seul le souvenir de celui qui en était cause le fit tressaillir. Il sentit en ce moment combien il détestait Gonario Rosa, et les instincts sauvages du Sarde jaloux s'éveillèrent en lui. Cependant Anna parlait, et, lui qui eût été heureux de la tenir sur son cœur, il restait immobile. les poings serrés, la considérant froidement comme un juge, et nulle expression de pitié ne vint adoucir la sévérité de son regard.

Anna lui dit tout, sans rien omettre : comment Gonario s'était fait aimer d'elle. en lui faisant la cour d'une façon un peu singulière ; les façons d'agir du jeune homme, ses insinuations et enfin l'abandon complet. Pourtant elle évita la moindre allusion aux sentiments de jalousie à l'égard de Caterina. A quoi bon ? D'abord, ils étaient sans cause sérieuse et peut-être Gonario se comporterait-il de même avec sa nouvelle conquête ; ensuite, elle ne voulait pas exciter le ressentiment de Sebastiano.

Celui-ci, il est vrai, ne paraissait pas s'émouvoir beaucoup ; une fois seulement il murmura :

— Lâche !

Anna excusa Gonario.

— C'est ma faute, ajouta-t-elle.

— Ta faute, pauvre enfant !...

— Maintenant tout est fini, conclut-elle en soupirant ; puis elle eut un sourire angélique.

Le fait est que sentant son cœur allégé après de telles confidences, elle croyait que tout était vraiment fini, que sa peine s'envolait avec ses paroles.

C'était au tour de Sebastiano à être accablé et il répéta comme un écho :

— Oui, c'est fini !...

Pendant un moment ils demeurèrent silencieux et embarrassés ; mais tout-à-coup la jeune fille leva ses yeux limpides vers son cousin et le regarda d'un air suppliant. Il comprit.

—Sois tranquille, dit-il, je te jure sur mon honneur que personne ne saura jamais rien par moi...

— Et personne ne sait encore?

— Personne, je crois.

— Alors, pourquoi m'as-tu dit que c'était une chose notoire?

Sebastiano se troubla un peu. Une fois encore il fut tenté d'avouer qu'il était jaloux et que la jalousie seule l'avait excité à parler; il n'en eut pas le courage. Devant la docilité presque ingénue d'Anna il se sentait vaincu et désarmé; il avait compassion de cette douceur même, qui permettait à la jeune fille de lui faire une confession si douloureuse et humiliante.

— Qui donc te l'avait dit? insista-t-elle.

— Personne, mais je l'avais compris depuis longtemps. Jusqu'à ses manières à *lui* laissaient entrevoir quelque chose...

— Que laissaient-elles supposer?

— Ah! Annicca, fit Sebastiano en bondissant, tu rougis? Vois comme tu es rouge! Tu l'aimes encore, dis-moi, tu l'aimes encore, n'est-ce pas?

— Je ne sais. *Il me semble* que non...

— Il te semble, mais c'est une erreur! Tu

l'aimes encore, malgré tout ! C'est bien triste...

— Non, ce n'est pas vrai, ce n'est pas vrai ! s'écria-t-elle avec angoisse et en baissant la tête.

Sebastiano s'approcha d'elle et lui caressa timidement les cheveux, tandis qu'il reprenait:

— Anna, Anna, tu es une enfant et moi je voudrais t'aider. Dis-moi donc ce que je puis faire pour toi, Anna, ma chérie. Veux-tu que je lui parle, dis? Non? Veux-tu que je te venge ? Je peux le bâtonner sur la voie publique, parce que c'est un lâche; oui, oui, c'est un lâche...

— N'élève pas la voix, Sebastiano !... murmura-t-elle, effrayée. Je ne veux rien. D'ailleurs, quel droit as-tu de l'insulter?

— Ah! tu vois, tu vois, répéta-t-il amèrement. Tu l'aimes encore et toujours! Eh bien ! puisqu'il en est ainsi, je ne l'insulterai pas ! Cependant il faut faire quelque chose pour toi. Parle donc. Veux-tu t'éloigner d'ici et aller chez Angela ?

A cette proposition les yeux d'Anna brillèrent, mais comme son cousin poursuivait : J'en parlerai à mon père... ce soir même, si tu le désires, elle secoua la tête et se redressa.

— Je ne veux rien, répondit-elle, presque

fâchée. Pourquoi prends-tu les choses si tragiquement? Tiens, je me repens d'avoir parlé;
laisse-moi tranquille.

— Moi je te dis que tu iras chez Angela.

— Si je veux y aller, Sebastiano !... Tu ne
me contraindras certes pas, et surtout tu ne
parleras point de moi à ton père...

— Je ne dirai rien à personne, puisque telle
est ta volonté, je t'ai donné ma parole d'honneur et je la maintiendrai.... bien que je ne
sois pas un monsieur.... répliqua Sebastiano
avec ironie, et il s'éloigna.

Anna se remit à écrire; sa main tremblait
et son visage enflammé, ses yeux inquiets et
brillants, ses lèvres frémissantes, trahissaient
le trouble de son esprit. Au moment où Sebastiano allait sortir, elle lui dit pourtant avec
tranquillité, comme si rien ne se fût passé :

— Iras-tu à la poste? Si tu n'en as pas le
loisir, envoie-moi Giovannangela.

— J'irai, répondit Sebastiano.

Lui aussi semblait calme, quoiqu'il n'eût
jamais été en proie à une pareille agitation,
sourde et terrible. Tout son sang jeune et
vigoureux affluait à ses tempes et les martelait, lui causant une douleur insupportable.

Lorsque Anna eut terminé la seconde lettre,

après avoir fait et corrigé maintes erreurs, elle alla à la recherche de son cousin.

— Il est dans sa chambre, dit Caterina, qu'elle trouva sur le palier avec Nennele. Pourquoi le demandes-tu?

— Pour qu'il aille à la poste. Qu'est-ce que vous faites là?

— Quelque chose, répondit Nennele avec un air de mystère.

Le petit garçon avait alors un peu plus de sept ans ; c'était un lutin tout mignon, ayant encore des tabliers à la maison, mais déjà rusé et aventureux. C'était maintenant le roi de *Tele'e gardu*, et il faisait régulièrement dix ou douze culbutes par jour en enjambant le mur.

Très-démocrate, il jouait avec tous les bambins du voisinage. Il salissait quotidiennement plusieurs costumes ; ses souliers étaient toujours déchirés et, sous prétexte d'éducation et de correction, il recevait souvent des taloches d'Antonino. Celui-ci portait à présent un grand col et des manchettes ; il rougissait devant les belles filles, déjà peut-être amoureux de l'une d'elles.

Caterina était prompte à secourir et à défendre le petit bonhomme, et comme Antonino devenait de jour en jour plus raisonnable et

studieux, c'était elle qui, dans ses moments
d'enfantillage, s'amusait avec Nennele.

Anna continua à gravir l'escalier, mais, avant
d'arriver au sommet, elle s'arrêta derrière une
espèce de colonne, curieuse de voir ce que
faisaient Caterina et son frère. La jeune fille
était bien habillée, coiffée à la mode, et elle
s'était mis au cou un magnifique ruban rose.

Croyant qu'Anna ne les voyait plus, Nennele
et sa sœur reprirent leur jeu, qui était celui *du
trois*, espèce de partie de dames qui se joue
au moyen de trois pions seulement. On im-
provise ceux-ci avec la première chose venue,
avec des morceaux de liège, par exemple.

Nennele avait dessiné l'échiquier sur une
des marches, avec du charbon. Anna s'amusa
à les regarder un moment, sans être vue. Ils
jouèrent d'abord avec calme, puis, comme il
arrive inévitablement en semblable occasion,
ils commencèrent à élever la voix. Caterina
prétendait vaincre toujours, de par la loi du
plus fort. Bien qu'elle protégeât Nennele en
toutes circonstances, lorsqu'ils étaient seuls
elle le tourmentait à plaisir. Elle aussi voulait

contribuer à son éducation et elle lui disait :

— Tu dois te taire et obéir aux grands, comprends-tu ?

Mais Nennele ne l'entendait pas ainsi.

Anna éclata de rire, derrière sa colonne, et cria :

— Ah ! c'est pour cet amusement, Caterina, que tu t'es mise en grande toilette ?...

Caterina, très-animée, ne prêta aucune attention aux paroles de sa cousine. Elle donnait des avertissements à Nennele et celui-ci, impatienté, les répétait mot à mot pour la faire mettre en colère.

— Tu es stupide, mon chéri. Voilà, ce pion est à moi. Une, deux, trois, j'ai gagné !

— Tu es stupide, mon chéri, reprenait aussitôt Nennele. Voilà, ce pion est à moi. Une, deux, trois... j'ai gagné !

— Joue bien, autrement...

— Joue bien, autrement...

— Mais, veux-tu finir ? Nennele !...

— Mais, veux-tu finir ? Nennele !...

Et le bambin criait de plus en plus fort.

Au-dessus d'eux Anna riait et oubliait tout, s'intéressant au jeu et se moquant des joueurs.

— Va à tes affaires, lui dit Caterina.

Et Nennele de répéter:

— Va à tes affaires !

— Crois-tu que Sebastiano dorme ? demanda Anna. Il est bien là-haut ?...

Caterina ne répondit pas. Elle se taisait afin de ne plus donner prétexte aux taquineries de Nennele. Celui-ci, tout-à-coup, grimpa lestement l'escalier, emportant les pions, qu'il jeta sur la tête de sa sœur.

Caterina courut après lui, mais il s'accrocha aux vêtements d'Anna, qui réussit à grand' peine à réconcilier les deux adversaires.

— Attends-moi, dit-elle à Caterina, quand je redescendrai nous jouerons ensemble une partie.

— Oui, je t'attends, va.

Anna continua alors son chemin. Devant la porte de Sebastiano elle fut ressaisie par l'angoisse que la petite scène dont elle venait d'être témoin, avait presque complètement dissipée.

Elle allait chez son cousin, surtout pour lui montrer son insouciance par un calme affecté, pour qu'il pût lire dans son regard : Vois, je n'attache aucune importance à la conversation de tout-à-l'heure, je l'ai même oubliée.

La froideur avec laquelle Sebastiano l'avait

quittée, la vexait et l'affligeait, et de même qu'il était extrêmement mécontent de lui, depuis que le colloque avait dévié de son but, Anna se repentait de ses confidences. Elle pensait :

— Il ne m'a pas comprise ; il a tout pris à rebours. Il faut qu'il voie comme je suis peu émue.

En réalité elle éprouvait une émotion et une anxiété inexprimables.

Arrivée à la porte, elle dit sur un ton de tranquillité parfaite :

— Sebastiano, tu es là ? Caterina me l'a dit. Les lettres sont préparées ; iras-tu les mettre à la poste ?

Mais son calme disparut soudain et les dernières syllabes moururent sur ses lèvres.

Sebastiano était devant elle, pâle comme un mort, les paupières rouges et gonflées.

— J'y vais immédiatement, répondit-il en la regardant d'une manière étrange. Ses yeux semblaient dire :

— Vois ce que tu as fait de moi !

Anna, les traits bouleversés, redescendit lentement ; une clarté soudaine illuminait son esprit ; une voix criait en elle :

— Hélas ! qu'ai-je fait ?

Caterina l'attendait, ainsi qu'il était convenu. Anna s'assit lourdement, comme accablée de lassitude, et ses yeux démesurément ouverts regardaient fixement devant elle.

— Joue donc ! dit Caterina, en lui présentant ses trois pions, sans se douter qu'un véritable drame se passait dans l'esprit d'Anna Malvas.

— C'est bien ! dit enfin Anna, parlant plutôt à elle-même. Mais à peine eut-elle commencé à jouer qu'elle s'anima.

— Si Caterina est victorieuse, pensa-t-elle, cela signifiera *oui*, si c'est moi qui gagne, ce sera *non*.

Anna fut battue, malgré tous ses efforts et son habileté.

Elle eut un sourire, aussitôt réprimé, en voyant que le destin, consulté au moyen du jeu, confirmait son nouveau doute : Sebastiano l'aimait !

Le Sacrifice.

Les jours s'écoulaient monotones et lents ; la mélancolique saison d'automne commençait à devenir plus froide. Les occupations ordinaires de cette époque de l'année étaient à peu près terminées, les fruitiers remplis, les conserves enfermées dans des vases de terre et le vin nouveau dans les tonneaux.

Sebastiano, n'ayant rien autre à faire, se disposa à recevoir la provision de bois fournie par les paysans.

Les Velena n'avaient pas une nombreuse domesticité à leur compte personnel. Avoir des serviteurs campagnards est un grand embarras sur certains points de la Sardaigne, et spécialement dans les familles bourgeoises ou demi-bourgeoises. Il faut préparer pour eux le pain d'orge, ce qui est un travail fort pénible, se procurer le fourrage nécessaire aux bêtes de trait et un énorme approvision-

nement de bois, parce que les domestiques
couchent par terre, sur des nattes, et, aussi
longtemps que dure le froid, le feu reste allumé
pendant la nuit. Cent autres choses encore
sont indispensables, de sorte que, tous comptes faits, le gain ne dépasse pas les dépenses.
Les bergers sont plus utiles, mais les Velena
n'en avaient pas besoin, puisqu'ils ne possé-
daient pas de troupeaux. Le lait et le fromage
leur étaient fournis par ceux auxquels ils
louaient des pâturages, et les bêtes de somme
appartenaient à leurs fermiers, qui s'enga-
geaient aussi à donner une certaine quantité
de bois.

Sebastiano savait se faire respecter par
tous ces gens et en était obéi docilement,
mais il pensait sans cesse à améliorer le sort
des pauvres paysans. Ses utopies à ce sujet
divertissaient Cesario, qui le regardait avec
une sorte de commisération... quand il daignait le regarder.

Depuis quelque temps les deux frères
s'animaient un peu trop dans ces discussions,
parce que Sebastiano était souvent nerveux
et impatient. Parfois, au contraire, n'ayant
plus la ressource de ses occupations habituelles dans la campagne, il tombait dans une

inertie complète et restait étendu sur son lit durant une partie de la journée, tandis qu'au dehors un brouillard épais attristait la vue et qu'un silence de mort régnait partout. Le pauvre garçon, dégoûté par tant d'amères réalités, aurait voulu, pendant ces heures mélancoliques, s'endormir avec l'automne mourant. Fréquemment encore les plus petites choses suffisaient pour l'irriter.

Anna l'observait sans en avoir l'air ; elle épiait toutes ses paroles, ses moindres gestes, mais, depuis le jour de leur pénible entretien, il lui parlait avec indifférence ou il allait jusqu'à éviter de la regarder. Il paraissait avoir tout oublié, si bien qu'Anna finit par se dire : Je me suis trompée.

Elle se tranquillisa peu à peu, car la pensée de l'amour de Sebastiano l'avait fait souffrir. La perspective, même lointaine et vague, de devenir sa femme l'effrayait, tant il était différent de son idéal. Elle le savait bon et honnête, il était fort et ne manquait pas de beauté, mais il lui aurait fallu certains raffinements de goûts et d'habitudes, de sentiments même, pour plaire à sa cousine. Du moins elle pensait ainsi et ne supposait pas, par exemple, qu'il dût comprendre l'amour comme elle l'entendait. Non, impossible ! Il ne pouvait y avoir entre eux similitude de jugement ni entente sur la manière de vivre. Pour tout dire en un mot, Sebastiano n'était pas *lui*, il n'était pas Gonario Rosa.

Non, encore une fois, pareille union était impossible. Anna pouvait avoir de la pitié et de l'affection pour Sebastiano, de l'amour, jamais ! Et quand elle se disait : « S'il parle, on voudra me contraindre à l'épouser, et si je me révolte je serai peut-être maltraitée », elle était bien malheureuse.

Certes elle faisait grand tort à Sebastiano en le croyant capable d'agir ainsi, elle ne le connaissait point ; elle connaissait Gonario et, dans sa naïveté, elle jugeait tous les hommes prêts, comme lui, à quelque action vile.

Si, pendant un moment, elle avait eu la vision très-nette de l'amour ardent et sincère de son cousin, elle retomba ensuite dans une incertitude plus grande. Elle ne s'apercevait pas que l'irritabilité et la maussaderie du jeune homme venaient de sa passion même, que l'indifférence du langage et des manières, lorsqu'il s'adressait à elle, était voulue. Tandis qu'elle croyait s'être trompée, Sebastiano souffrait en pensant à elle, en se disant qu'il avait mal choisi sa route. A cause d'Anna il se repentait de tout un passé utile et honnête, il doutait de ses opinions, il regrettait de ne pas être comme Gonario Rosa, que, pourtant, il méprisait profondément.

Un soir de décembre, Anna sortit pour fermer le portail. Au retour elle entendit Gonario qui causait avec Sebastiano, dans la pièce où celui-ci avait coutume de recevoir ses amis. La fenêtre, aux barreaux énormes, donnait sur la cour.

Anna tressaillit et, au lieu de rentrer à la maison, elle revint sur ses pas, en rasant le mur, jusqu'à ce qu'elle se trouvât contre les barreaux. La croisée était fermée, mais une légère fente dans le haut laissait passer un filet de lumière et les voix des deux jeunes gens pouvaient être entendues facilement.

Sans aucun doute, Sebastiano ne supposait pas une minute qu'on vînt l'épier. A cette heure Cesario était en ville, le père et la mère étaient couchés, ainsi que les plus jeunes enfants, et les autres personnes, réunies au coin du feu, lisaient ou travaillaient.

Pour cela, précisément, Anna avait voulu s'assurer que la porte était bien close.

Sebastiano parlait bas avec animation. Les

premières paroles qui arrivèrent distinctement aux oreilles d'Anna, furent celles-ci :

— Tu es un lâche et pourtant je donnerais
dix ans de ma vie pour être à ta place...

La jeune fille comprit immédiatement qu'il
s'agissait d'elle. Elle pâlit et frissonna, car
elle croyait qu'après cette insulte Gonario
allait souffleter Sebastiano ; mais il se mit à
rire au lieu de se fâcher, comme si l'injure
eût été un compliment.

— Qui t'empêche d'être à ma place ?

— Toi-même, pardieu !

Anna entendit marcher les deux jeunes
gens ; croyant qu'ils se disposaient à s'en
aller, elle aurait voulu se rendre invisible,
pour les suivre et entendre la fin de la conversation.

Ils restèrent, et pendant qu'ils faisaient les
cent pas, tantôt se rapprochant de la fenêtre,
tantôt s'éloignant, il devenait difficile de
saisir l'accent de leurs voix. Anna comprenait pourtant fort bien que Gonario restait
caressant, suppliant presque, et Sebastiano,
dur et cassant.

— Tu as peut-être raison, disait Gonario,
mais ce n'est pas ma faute.

— Si, répondait Sebastiano, tu as commis

une vraie lâcheté, je le répète, et si tu veux me provoquer fais-le...

— Tu n'as pas compris...

— Je comprends mieux que toi ! Et je voudrais que le code comprît comme moi ce crime.

— Diable ! fit Gonario en riant.

— Oh ! ne ris pas, ne prends point la chose si légèrement. C'est ainsi.

— Donc?...

— Donc c'est inutile. Tu ne demanderas pas Caterina, parce que, à moins que Dieu n'abrège mes jours, elle ne sera jamais ta femme.

— Ecoute, Sebastiano, écoute bien mes raisons. Ta cousine...

— Ma cousine, répliqua vivement Sebastiano, est la meilleure des jeunes filles...

— Je vois bien que tu en es amoureux.

— Ceci ne te regarde pas. Ce qui te regarde c'est qu'*elle* ne te cherchait pas si tu ne l'avais pas cherchée...

— Eh bien ! j'admets tout ce que tu veux ; où est ma faute si je ne puis plus l'aimer, si, au contraire, je suis éperdûment amoureux de Caterina et la désire, elle seule, pour femme? Sois raisonnable, Sebastiano. Je t'assure

qu'Annicca ne pense pas à moi, pas le moins
du monde ; elle sera très-contente si j'épouse
Caterina.

— C'est inutile, inutile ! Tu n'entreras pas
dans la famille, moi vivant. Nous serons amis
tant que tu voudras, mais ce mariage est impossible...

— Et moi je te dis qu'il se fera...

— Jamais !

— Et si Caterina m'aime ?

— Non, elle ne peut t'aimer. Et si, malheu-
reusement pour elle, cela est vrai, je trouve-
rai bien le moyen de te faire oublier...

— Et si elle ne veut ni ne peut m'oublier ?
Si toute ta famille m'accepte, y compris ta
cousine, que peux-tu faire, toi ?

— Ne t'illusionne pas, Gonario Rosa. Tu es
avocat et tu connais les lois, mais tu ignores
celles qui régissent la maison Velena. Il suffi-
ra d'une parole de ma part pour que mon
père te ferme la porte au nez...

A ce point du débat, Anna trembla de nouveau, pour deux raisons, et les larmes lui
vinrent aux yeux. Elle comprenait que Sebastiano menaçait de révéler son secret, et elle
crut que Gonario, un moment silencieux,
allait enfin céder à la colère. Un scandale

devait arriver. Gonario resta, au contraire, très-calme encore.

— Je suis avocat et je connais le droit, en effet, dit-il ; aussi attendrai-je que Caterina ait accompli ses vingt-et-un ans, puisque, pour une niaiserie, tu me fais des menaces...

— Je ne te fais aucune menace, répondit froidement Sebastiano ; je te dis seulement qu'après réflexion tu ne demanderas pas la main de Caterina.Tu as bien fait de t'adresser à moi d'abord, tu as ainsi évité une humiliation certaine. Après cela, si tu veux attendre tu es parfaitement le maître de faire ce qui te convient; d'autant plus que d'ici au jour où Caterina aura atteint sa majorité, tu l'auras oubliée mille fois.

— Ne le crois pas ! Cet amour est le dernier, le vrai. Ou Caterina ou personne ! Crois seulement que nul ne l'aimera comme moi. Hélas ! s'écria Gonario, devenu très-sérieux, tu m'as toujours détesté, Sebastiano, et si je t'ai parlé ce soir c'est justement parce que je craignais ce qui arrive...

— Je ne hais personne...

— Si, moi sûrement. Pourtant je ne t'ai jamais fait de mal, volontairement ; et toi tu commets une mauvaise action en retardant le bonheur de ta sœur. Car, entends bien, quoi qu'il arrive, tôt ou tard Caterina sera ma femme...

— N'y compte pas !

— J'en suis sûr ! Maintenant, je ne veux certes pas provoquer une querelle. J'ai trop d'amitié pour ta famille...

— Je le vois bien, interrompit Sebastiano avec ironie.

Gonario ne se lassa point d'être prudent et calme. Il continua de plaider sa cause, mais en vain.

— Assez ! dit tout-à-coup Sebastiano en s'arrêtant ; nous ne nous convaincrons jamais. Ou plutôt, je pense t'avoir convaincu. Qu'on n'en parle pas davantage. Tu chercheras une autre femme ; tu en trouveras partout, et de plus belles et plus riches que notre Caterina. Veux-tu boire ?

— Non, merci. Nous reprendrons demain notre conversation ?

— Pourquoi ? C'est tellement inutile. Ce que je t'ai dit est vrai pour demain et pour toujours...

— Pour toujours ? C'est ce que l'on verra... Allons, veux-tu sortir avec moi ?

— Si cela te fait plaisir...

Ils partirent ensemble. Anna entendit Sebastiano refermer la porte de la maison, et les pas des deux jeunes gens résonnèrent sur le chemin.

Elle s'assit, ou plutôt se laissa tomber sur l'appui extérieur de la fenêtre, et appuyant sa tête contre les barreaux, elle tourna vers le ciel son visage pâle et bouleversé.

La nuit était douce et tranquille. La lune brillait à travers un brouillard très-léger, et derrière les murs de la cour ainsi éclairée on voyait les hautes branches d'arbres immobiles se dessiner sur le firmament, semblables à d'énormes buissons d'épines. Un silence profond régnait alentour, quand soudain la sonnerie du couvre-feu éclata en notes aiguës et précipitées ; puis les tintements lugubres d'une cloche annoncèrent pour le lendemain matin une messe funèbre.

Anna frissonna. Un lien invisible semblait unir les pensées tourbillonnant dans son cerveau aux tristes sons qui allaient se perdre, comme des sanglots, dans l'assoupissement de la nuit. Elle pensa à la mort ; elle se souvint que tout finit ici-bas. Ils mourraient les uns après les autres, elle, Sebastiano, Caterina et *lui-même*. Ils disparaîtraient, chacun à leur tour, les membres de la famille ; et aussi Maometto, les bœufs, les chevaux, les poules, les chats, tous, tous. Dans cent ans, d'autres habitants occuperaient la maison et ils ne songeraient pas à ceux qui, maintenant, riaient ou pleuraient entre ces murs, dans cette cour...

Peut-être les arbres, le portail et les fenêtres resteraient-ils à leur place actuelle ; en tout cas, le ciel ne changerait point. Les pâles rayons de la lune éclaireraient d'autres choses et d'autres encore, mais les vivants d'aujourd'hui reposeraient dans une paix éternelle et profonde, solennelle comme le glas qui résonnait dans le silence de la nuit...

Pourquoi donc les hommes ne pouvaient-ils s'accorder ? Pourquoi se créer tant de maux, sachant bien que tout *finit* ? Pourquoi Sebastiano ne voulait-il pas que Gonario épousât Caterina ? Hélas ! à cause d'elle, Anna, qui souffrait, aimait Gonario et se sentait mourir de douleur. Elle aussi *finirait* un jour : elle ne devait donc pas s'opposer au bonheur d'autrui.

Si de telles pensées ne purent empêcher Anna de déplorer son propre malheur, son chagrin fut sans gémissements ni larmes.

Malgré la perspective réconfortante de la *Fin*, le sentiment de la triste réalité affligeait toujours son cœur, mais sans lui arracher un cri de désespoir. Voyant sa route dorénavant bien tracée, elle résolut de la suivre vaillamment.

Anna fit en sorte de rentrer inaperçue à la maison, et immédiatement elle alla se coucher. Dans l'obscurité, des impressions bizarres vinrent se mêler à ses longues et poignantes réflexions. Elle avait froid et en même temps la fièvre faisait battre ses tempes. Ses paupières lui semblaient être de plomb; devant ses yeux clos, de petits cercles bleus ou irisés voltigeaient, se heurtaient, finissaient par s'évanouir, sur un fond immense, insaisissable, et qui toutefois paraissait moelleux comme un drap de velours noir.

Caterina entra doucement, un bougeoir à la main, et sa voix fit ouvrir les yeux à sa cousine.

— Dors-tu déjà ? dit-elle. Je te croyais à lire.

— Donne-moi un peu d'eau, murmura Anna, se soulevant à demi. Et Lucia ?

— Elle montera bientôt. Qu'as-tu, Anni ?

— J'ai soif.

Caterina versa de l'eau dans un verre et Anna y trempa longuement ses lèvres ; puis elle regarda le fin duvet qu'on pouvait à peine distinguer sur ses poignets, en disant :

— Vois, cela me paraît un champ d'étoupe. Et Lucia ne monte pas encore ?

— Je t'ai dit qu'elle va venir ! s'écria Caterina ennuyée, jetant ses bottines en l'air. As-tu la fièvre ?

— Non, je me suis refroidie, répondit Anna.

Elle laissa retomber sa tête sur l'oreiller et ferma les yeux pour ne plus voir Caterina, qui lui paraissait merveilleusement belle et grande au point de toucher le plafond.

. . . .

. . . .

Malgré les symptômes alarmants de cette triste soirée et une constitution un peu frêle, Anna ne ressentit plus aucun trouble physique. Qui eut l'air de tomber malade, les jours suivants ? Caterina. Elle devint pâle, taciturne ; ses beaux yeux annonçaient la fièvre ou une douleur secrète.

— Qu'as-tu ? lui demandait Anna, et Caterina répondait d'une voix rauque :

— Je me suis refroidie.

Un jour elle se coucha.

— Appelons-nous le médecin ? dit Maria Fara, inquiète.

— Je ne veux pas, laissez-moi tranquille ! cria la jeune fille, sur un ton qui n'admettait pas de réplique.

L'un après l'autre, ses frères vinrent la voir ; à la fin, Caterina, impatientée, se mit à pleurer en répétant :

— Ne pouvez-vous pas me laisser tranquille ? J'ai mal à la tête !

Lucia vint à son tour et posa la main sur le front de sa sœur.

— Tu as pourtant la peau très-fraîche, observa-t-elle. Tu souffres beaucoup ? Que veux-tu ?

— Rien, répondit Caterina, allez-vous-en. Je ne puis voir personne ! Si vous ne me laissez pas en paix, je descends dans la cour, à pieds nus. pour me faire du mal.

— Oui, je veux mourir, dit-elle plus tard à Anna, qui s'était assise sur le bord du lit. Je suis fatiguée de vivre, comprends-tu ?

— Déjà ! s'écria la jeune fille, en riant doucement. Elle pensait : Demain tu seras guérie.

Elle regarda les vitres, dans lesquelles se reflétait tristement un crépuscule nuageux, et après un moment de silence elle dit :

— Après-demain c'est Noël. L'Enfant Jésus te guérira.

— Que m'importe Jésus ?...

— Caterina ! s'écria sévèrement Anna. Ne blasphème pas ! Ecoute, je suis ici pour te dire quelque chose.

— Je veux mourir... je veux... sanglotait Caterina, les yeux fermés ; la vie est stupide ; tous me détestent...

— Pourquoi ? demanda Anna.

Elle se tut de nouveau, regardant toujours fixement les croisées, dans l'ombre grandissante. Elle attendait l'obscurité pour essayer le coup de théâtre nécessaire à la guérison de Caterina. Tant qu'un reste de clarté pénétrait dans la chambre, le courage manquait à la pauvre enfant ; lorsque tout serait assombri autour d'elle, Caterina, lui semblait-il, ne lirait pas dans le fond de son âme.

— Pourquoi est-ce qu'on ne t'aime pas ? reprit-elle enfin. Tu es toujours la même, avec tes idées étranges, ma Caterina. Peut-être parce que Sebastiano a dit *non* à... Gonario Rosa ? Cela ne signifie pas...

— Que sais-tu ? cria Caterina, se redressant vivement, presque avec effroi.

— Eh ! je sais tout ! dit Anna, en prenant un

ton prétentieux. Je le savais avant toi-même. Tu as toujours manqué de confiance en moi.

Elle ajouta, avec un doux reproche :

— Pourtant personne ne veut ton bonheur plus sincèrement !... Eh bien ! qu'as-tu, maintenant ?...

Caterina pleurait. Elle ne se révolta point, elle ne nia pas. Elle était éprise de Gonario Rosa et lui aussi l'aimait follement. Ils s'écrivaient ; mais Caterina lui avait dit, en honnête fille qu'elle était :

— Demande-moi à ma famille, autrement je ne puis plus correspondre avec toi.

Et Gonario l'avait demandée à Sebastiano, ou plutôt il lui avait dit :

— Crois-tu que si j'en fais la demande formelle, on m'acceptera dans ta famille comme fiancé de Caterina ?...

— Sebastiano a dit non, poursuivit la jeune fille, il a dit qu'on ne l'accepterait à aucun prix ! Pourquoi ? Je ne sais. C'est parce que mon frère lui en veut, à *lui* ; il ne l'a jamais pu voir, et le détestant il me hait aussi, moi... Autrement, pourquoi le refuser ?

— Elle ne sait rien, pensa Anna, se fiant surtout à l'accent de Caterina.

— A présent il m'écrit qu'il faut attendre

mes vingt-et-un ans pour faire ma volonté. *Il en meurt de déplaisir, mais il ne veut pas apporter le trouble dans la maison, parce qu'il nous aime trop. Et Sebastiano est capable de tout.

— Il le craint ! se dit encore Anna, avec un léger dédain pour la prudence de l'avocat Rosa.

— Mais moi... moi !... criait Caterina.

— Eh bien ! toi ?

— Rien ! Je mourrai... je mourrai... je veux mourir. Je me jetterai dans le puits...

— Quelle tragédie ! répondit Anna en riant. Si tu m'avais tout confié immédiatement, tu ne serais par *malade* à présent....

— Eh ! puisque tu le savais ! Comment ? Dis-le moi tout de suite...

— Qu'est-ce que cela te fait ? Un petit oiseau me l'a conté. Va, j'arrangerai les choses.

— Toi ! par quel moyen ?

— Tu verras.

Elles continuèrent à parler en baissant la voix.

Caterina se rapprocha peu à peu et finit par s'asseoir à côté d'Anna, sur le bord du lit. Son mal était oublié ; de temps en temps même, un rire frais et perlé s'élevait dans

l'obscurité de la chambre, comme un gazouillement d'oiseau.

Les deux cousines descendirent ensemble
pour le souper. Nennele et Antonino se diver-
tirent beaucoup de la maladie si vite passée
de leur sœur ; quant à Sebastiano, il regarda
attentivement Anna, qui était pâle et tremblante.

Après le repas, il prit son caban et sortit,
oubliant d'emporter la clef.

— Je l'attendrai, dit Anna.

Elle poussa le brasero près de la table, pour
s'asseoir à côté et lire.

Cependant, presque tous restèrent avec elle
pendant plus d'une heure. Antonino étudiait
à haute voix sa leçon de latin, Nennele faisait
des ombres chinoises sur les murs, et les servantes filaient.

Caterina, dont les yeux gardaient quelque
tristesse, s'était installée en face d'Anna, qui
lisait les Contes russes de Tourguenieff.

Anna choisissait oujours de bons livres ;
de là venait une certaine culture de son
esprit, qui l'empêchait de se troubler et de passer pour une ignorante, si on parlait litté-
rature en sa présence.

Cesario achetait les nouveautés littéraires,

à mesure qu'elles paraissaient à Rome ou à Milan. Il n'avait plus la manie des livres étrangers et, d'ailleurs, il avait presque oublié la langue française.

Anna et Caterina lisaient souvent ; mais tandis que les romans et les poésies contribuaient à exalter le caractère original de Caterina et à enflammer son imagination, ils servaient d'étude à sa cousine.

Celle-ci recherchait dans chaque ouvrage la moralité ; elle s'enthousiasmait pour les *beaux types*, pour les femmes vertueuses, pour le sacrifice. Sans l'avouer intérieurement, elle se cherchait elle-même dans ces pages souvent brûlantes ; elle désirait y rencontrer des créatures semblables à elle, qui eussent aimé et souffert comme elle.

Ainsi elle mettait vraiment toute son âme dans ses lectures, confondant la réalité de sa vie et de ses sentiments avec la fiction du poëte ou de l'écrivain. Mais elle n'en faisait jamais la confidence à personne.

...Restée seule à côté du brasero, Anna ne trouva pourtant pas, ce soir-là, les impressions habituelles, en lisant les merveilleux récits de Tourguenieff. Le tumulte de ses pensées dominait tout.

Ce qu'elle avait résolu et déjà exécuté à demi, dépassait presque ses forces. Une héroïne de roman pouvait très-bien le faire, pour une frêle créature, de chair et de sang, c'était trop. Anna éprouvait une angoisse inexprimable, quoique son cœur ne se révoltât point. Elle en revenait à caresser l'image lointaine de la *fin* pour se donner du courage.

La tête appuyée sur le livre ouvert et les mains tendues vers le feu, elle était maintenant secouée par de continuels frissons. Tout se taisait dans la maison ; on n'entendait que les gémissements plaintifs du vent, qui s'engouffrait dans la cheminée. Sebastiano arriva enfin.

— C'est toi qui m'as attendu ! Pourquoi ? demanda-t-il, en se débarrassant de son manteau à la doublure d'écarlate.

— Je voulais causer avec toi, murmura la jeune fille, penchée sur le brasero pour le couvrir de cendres. Elle ne tremblait plus, mais elle avait rougi et elle aurait voulu parler dans l'obscurité.

— Ah ! oui. Il y a quelque chose dans l'air, reprit Sebastiano, je m'en suis aperçu. Caterina ne t'a rien dit ?

— Si...

— Quoi donc ? cria-t-il avec colère.

L'idée que sa sœur et Gonario s'aimaient lui causait une sorte de frénésie.

Il fit un effort pour se contenir et écouter attentivement, mais Anna lui dit simplement :

— Rien, calme-toi ; seulement, j'aurais pu croire qu'elle n'ignorait pas ce que je t'ai dit l'autre jour. Je crains...

— Quoi ? Elle a prétendu le savoir par moi, peut-être ?

Les yeux de Sebastiano étincelaient. Le ton de ses paroles était si dur et si méprisant qu'Anna se demandait : Est-ce bien vrai qu'il m'aime ? Car, depuis quelques jours, elle n'en doutait plus.

— Non, répondit-elle précipitamment ; cependant, par qui aurait-elle pu le savoir ? Tu m'as donné ta parole d'honneur de n'en parler à personne. Sebastià !...

Elle le regarda ; il se tut un instant, comme si sa conscience lui reprochait quelque chose, puis il répliqua :

— J'ai juré ; si tu le désires, je te renouvellerai mon serment.

— C'est ce que je veux.

— Donne-moi ta main, Anna, et que Dieu me fasse mourir sans que j'aie revu le visage de mon père, si je révèle jamais ton secret à qui que ce soit.

Sebastiano parlait d'une voix basse mais ferme, en serrant la main de sa cousine.

— Nous verrons ! dit-elle.

— Tu verras !

Sebastiano croyait positivement avoir renversé les projets de Gonario Rosa, au moins pour le présent. Certes, sachant que le jeune homme ferait sa demande, il ne se serait pas engagé aussi solennellement ; parce que, dans ce cas, il lui fallait dire à son père et à sa mère :

— Gonario Rosa est un lâche, il a agi comme tel avec Anna, qui est votre fille d'adoption, la sœur aînée de Caterina.

Il ignorait les résolutions d'Anna et il jura.

— Maintenant je suis sûre de toi, dit-elle, pardonne-moi mes craintes.

Sebastiano pensa que son avenir dépendait peut-être de l'accomplissement de sa promesse, et plus que jamais il s'engagea mentalement à la tenir.

Il eut un moment l'envie de raconter à sa cousine la démarche de Gonario, puis il réfléchit :

— A quoi bon la troubler ? Elle ne sait rien.

— Je sors de nouveau, dit-il, en remettant son manteau. Je prendrai la clef. Cesario est-il rentré ?

— Non, mais il a aussi une clef.

Arrivé à la porte, Sebastiano se retourna pour demander :

— Tu n'as pas autre chose à me dire, Anni ?

— Non, répondit-elle, en s'acheminant vers l'escalier, avec son livre sous le bras et un flambeau à la main.

Sebastiano sortit. Il s'enfuyait pour ne pas céder à l'envie de déclarer ses sentiments et dire à Anna :

— Tu vois, je compromets jusqu'à l'avenir de ma bien-aimée Caterina... pour toi... pour t'épargner un chagrin... pour punir celui qui t'a fait souffrir...

Quand il fut sur le chemin, où le vent glacial soulevait les bords de son caban, le pauvre garçon eut un ricanement désespéré.

— Est-ce possible, se disait-il, qu'un pareil état dure toujours ? Qu'y a-t-il donc en cette enfant pour me torturer ainsi ? Si c'eût été une autre, alors qu'elle mettait en doute ma parole, je l'aurais injuriée ; au lieu de cela, à elle j'ai donné la plus grande des satisfactions. Suis-je un niais ?

Pendant qu'il s'adressait cette singulière question, Anna était entrée dans le bureau, avant de monter à sa chambre, et là elle écrivait à Gonario une petite lettre, qu'elle glissa entre les pages des *Contes russes*. Ce devait être une de ces missives qui renferment en quelques lignes un sacrifice immense : jamais la jeune fille n'avait répandu des larmes aussi amères que celles qui couvraient ses joues, tandis qu'elle gravissait l'escalier sur la pointe des pieds.

Peu s'en fallut qu'elle ne tombât épuisée sur les marches, qui, à la clarté vacillante de la bougie, lui semblaient les degrés d'une interminable échelle dressée au milieu d'un édifice ruiné.

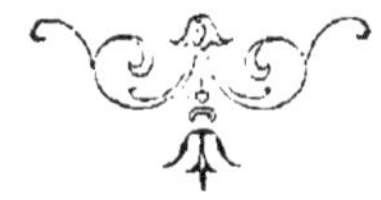

Jour de l'an

Le couvert était mis, mais la salle à manger
restait encore déserte. La grosse lampe éclairait tous les coins de la chambre, et sa clarté
tombant sur la table, au milieu d'un cercle
formé par l'ombre de la suspension, faisait
ressortir la blancheur du linge, scintiller
comme des rubis le vin des flacons et miroiter
les paysages japonais de la vaisselle. Tout
cela paraissait sourire vaguement et attendre.

Près du brasero, où un monceau de braise
se transformait peu à peu en cendres très-
blanches, le chat ronronnait doucement. Il
participait, lui aussi, au bien-être d'un soir
de fête. On célébrait, en effet, le renouvelle-
ment de l'année (1892 commençait le lendemain) et, de plus, un événement mémorable
pour les Velena.

On donnait l'entrée de la maison à l'avocat
Gonario Rosa ; c'est-à-dire, il était admis

comme fiancé de Caterina et invité à souper, dans l'intimité de la famille. Seul, Sebastiano manquait à la réunion.

En trois jours le drame intime s'était déroulé, bouleversant l'ordre accoutumé des choses dans la maison Velena.

Le vingt-huit décembre, Giovanni Rosa avait demandé formellement pour son fils la main de Caterina.

— Je suis heureux d'un tel honneur, avait dit Paolo Velena, ému de joie et de surprise, mais il faut, avant de donner une réponse décisive, que je consulte ma famille et surtout la principale intéressée.

— Oui, oui, c'est naturel, très-naturel ! riposta Giovanni Rosa, en saluant d'une façon un peu gauche.

Il fut convenu qu'il reviendrait le lendemain et il partit, très-sûr, d'ailleurs, de son fait. Etait-il content de ce mariage ? Lui plaisait-il d'avoir pour bru une jeune fille bizarre, plus enfant que femme, trop belle et pas assez riche pour un garçon tel que Gonario ? Le visage impérieux de Giovanni Rosa ne laissait rien deviner, mais, le jour précédent, il avait adressé à son fils ces paroles :

— C'est bien, je demanderai pour toi cette

jeune personne ; seulement, entends-moi bien,
je ne vous veux pas chez moi. Je te servirai
une rente, je te donnerai ce qui te plaira, et
vous ferez ménage à part.

— On pensera plus tard à cela ! murmura
Gonario entre ses dents, et il accepta les con-
ditions de son père.

Paolo parla immédiatement à sa femme de
la demande qu'il venait de recevoir. Maria
devait en savoir quelque chose, car elle ne se
montra point étonnée ; elle se réjouit sincèrement, en bonne mère qui voit un avenir
splendide assuré pour sa fille. Toutefois, son
bonheur n'était pas sans une ombre de tristesse : elle pensait à Lucia, pour laquelle aucun
parti ne se présentait maintenant. Maria Fara
aimait Caterina plus que ses autres enfants,
de même que le père, les frères et les sœurs
avaient fait de la jeune fille leur préférée : cependant elle aurait été plus satisfaite si Gonario avait demandé Lucia.

Celle-ci avait maintenant vingt-quatre ans
sonnés : elle gardait toute sa fraîcheur et sa
beauté, mais elle commençait, elle aussi, à se
désespérer. Elle se demandait parfois, avec
un secret dépit :

— N'ai-je pas été trop ambitieuse ?

Caterina l'avait taquinée et fâchée, en lui disant, avec l'étourderie qui la rendait si souvent inconséquente dans ses paroles :

— Mais quand donc te marieras-tu? Je suis suffoquée de te voir ici. Je finirai par être une dame, quand toi tu seras toujours une demoiselle. Tu es vieille à présent. C'est-à-dire, non, tu n'es pas vieille ; tu es une femme, voilà, tu n'es plus une jeune fille.

— Je te gêne? Il vaut mieux être demoiselle riche que dame ruinée, tu comprends? Prends garde à toi! ripostait Lucia, en souriant du bout des lèvres. Au fond, les remarques intempestives de Caterina, dites sans intention maligne, l'humiliaient grandement. S'examinant avec anxiété devant une glace, elle cherchait dans les traits de son visage une expression de *femme*.

Quelquefois elle croyait l'avoir trouvée et en ressentait une véritable désolation, comme si elle avait vu ses cheveux blanchir et son front se rider. Pourtant elle restait, ambitieuse et altière, dans l'attente de son idéal. Au résumé, elle n'avait certainement pas l'air enfantin, si attrayant, de Caterina, mais elle était toujours belle ; ses yeux devenaient même chaque jour plus lumineux.

Caterina fut appelée, après sa mère, dans le cabinet de Paolo Velena.

— Penses-tu à te marier ? lui dit son père, en la regardant avec tendresse.

Elle se mit à rire et répondit :

— Pourquoi pas ?

— Eh bien ! on te demande.

— Gonario Rosa ! cria Caterina, avec son étourderie et sa franchise habituelles ; aussitôt elle devint pâle d'émotion, quoique préparée à cet entretien.

— Diable ! se dit Paolo, et ses yeux ne la quittaient pas. Se faisant jeunet comme sa fille, il voulut essayer d'un badinage :

— Non, dit-il, ce n'est pas lui, c'est un autre... riche...

— Je m'en soucie bien ! s'écria-t-elle avec dédain, laissant voir sa surprise et son chagrin. Si ce n'est pas *lui*, dites non.

Elle était prête à pleurer. Paolo, stupéfait, en eut pitié et dit aussitôt :

— Si, si, rassure-toi, c'est *lui* ! et il accentua le mot en souriant. Je vois que les choses sont bien avancées. Vous étiez d'accord ?

— Oui, mais je lui ai dit tout de suite de me demander pour femme.

Paolo sourit de nouveau. Cette parole, prononcée par sa petite Caterina, lui faisait un effet singulier, et il en était abasourdi. Il la regarda encore. Quoiqu'elle fût grande et forte, d'une taille élancée autant qu'élégante, elle lui représentait toujours sa bambine, tapageuse et gaie. Il ne pouvait la supposer amoureuse, au point surtout d'agir contre les règles d'une bonne et honnête éducation ; il ne s'accoutumait pas davantage à l'idée de la voir mariée.

— Tu as bien fait de lui parler ainsi, dit-il enfin. Vous vous écriviez ?

Caterina présenta à son père les quelques lettres de Gonario. Paolo Velena balbutia, la désapprouva et dit sévèrement :

— Ah ! cela n'est pas bien... Si c'eût été un... autre ?

— Mais c'était *lui* ! s'écria Caterina, avec une logique irréfutable.

— Que veut dire ceci ? demanda Paolo surpris, en lisant que Sebastiano défendait à Gonario de faire sa demande.

Caterina donna les motifs qui lui paraissaient les plus vraisemblables : Rosa était antipathique à Sebastiano ; celui-ci le croyait peut-être un mauvais sujet ; de toutes façons, il était hostile à ce mariage.

— Et comment se fait-il que Gonario ait changé d'avis ?

— Je lui ai écrit de ne rien craindre... dit Caterina, en baissant les yeux.

Elle aurait bien voulu ajouter qu'Anna l'avait puissamment aidée, en écrivant elle-même à Gonario, pour lui persuader de ne pas redouter Sebastiano et pour lui garantir la pleine réussite de sa démarche ; mais impossible de révéler ce qui s'était passé. Caterina était également liée à sa cousine par un serment.

Anna lui avait dit :

— Je ne veux pas que personne me sache immiscée en cette affaire. Sebastiano tempêtera sûrement, ensuite il finira par se résigner et il abandonnera ses idées extraordinaires. En tout cas, il ne faut pas qu'il se doute... que moi... tu comprends... Il pourrait me faire quelque scène, et cela, étant donné ma position ici, me contrarierait beaucoup...

Caterina promit le secret et jamais elle ne sut pourquoi, sans l'intervention d'Anna, Gonario ne l'aurait pas demandée avant quatre années ; délai pendant lequel il était très-capable de l'oublier.

— Elle en mourrait ! pensait Anna, avec une profonde tristesse. La pauvre fille connaissait

le caractère de Caterina et le pouvoir de
Gonario Rosa sur un jeune cœur.

Après avoir réfléchi longuement, Paolo
Velena dit à sa fille:

— Je te prie de ne souffler mot à personne
de notre conversation, jusqu'à ce soir. J'ai
besoin d'interroger tes frères.

— Vous ne vous laisserez pas convaincre
par Sebastiano?

— Si les choses sont vraiment telles que tu
crois, il ne me convaincra certainement pas.
Maintenant tu peux te retirer.

Caterina s'en alla presque triste. L'envie lui
venait par moments de chanter et la voix
mourait dans son gosier.

Tout le jour elle erra d'une chambre à l'autre, nerveuse, inquiète, ouvrant les fenêtres
et s'exposant au froid, les refermant ensuite
pour aller s'accroupir silencieusement dans
un angle de la cheminée. Elle avait de vilains
pressentiments; le retour de Sebastiano l'effrayait.

Après le souper, auquel, par hasard, Cesario
avait assisté, lui qui rentrait presque toujours

tard et mangeait quand bon lui semblait, Paolo Velena prit la parole :

— Giovanni Rosa a demandé pour son fils la main de Caterina. J'ai promis d'en causer en famille. Qu'est-ce que l'on décide ?

Anna baissa les yeux ; deux visages devinrent écarlates, ceux de Caterina et de Sebastiano. Mais à la rougeur de celui-ci succéda bientôt une pâleur mortelle ; la surprise et la rage empêchèrent tout d'abord le jeune homme de parler.

— Pour moi, dit en souriant Cesario, qui nettoyait machinalement son binocle, j'en suis fort aise. C'est un parti magnifique. J'étais renseigné depuis longtemps...

Sebastiano regarda son frère d'un air féroce ; il avait envie de lui jeter quelque chose à la figure. Il regarda ensuite Anna, qui souriait aussi. Personne ne protestait donc ? Tous accueillaient la nouvelle avec un contentement visible, la bouche ouverte, comme si la manne tombait du ciel ; jusqu'à Nennele, dont les petits yeux brillaient, tandis que des fossettes se creusaient dans ses joues rondes.

— Ce marmot y comprend-il quelque chose ? pensa Sebastiano. Il aurait voulu le frapper, comme il désirait, d'ailleurs, battre tout le monde et spécialement Caterina, dont le regard s'attachait à lui avec insistance. Ne pouvant mieux, il donna un coup de poing retentissant sur la table.

— Et moi, dit-il enfin, je ne veux pas.

— Pourquoi ? demanda Paolo avec tranquillité, tout en repliant soigneusement sa serviette. Intérieurement sa curiosité était vive.

— Parce que c'est un vaurien !... cria Sebastiano.

Paolo l'interrompit, en faisant un signe à sa femme, qui voulait aussi parler.

— Voilà une chose que je n'ai entendu dire que par toi. Explique-toi mieux.

Le calme de son père, qui avait probablement été prévenu, troubla Sebastiano. Il ne sut rien articuler de formel contre Gonario. Pendant un instant il se reprocha des accusations qu'il sentait lui-même être plates et insignifiantes ; il fut sur le point de dire :

— Je suis certainement un nigaud : n'en parlons plus, je donne mon consentement.

Finalement, Gonario n'avait pas commis un méfait ou une lâcheté digne de tant de mépris. Pareilles choses se voyaient fréquemment, et du moment qu'Anna ne se révoltait point, pourquoi devait-il les prendre ainsi ?

Ce fut un éclair. Sebastiano s'irrita de sa propre faiblesse.

Non, non, non ! Le cœur n'entendait pas la voix de la raison. Sebastiano haïssait Gonario, il le méprisait ; tout son sang bouillonnait à l'idée que Gonario pouvait être heureux... avec sa sœur... c'est-à-dire, une part de lui-même, après lui avoir enlevé, à lui, toute félicité...

La passion emportait les sentiments de générosité, et il se repentait presque d'avoir juré à Anna de se taire.

Il s'en suivit une scène violente, un scandale, ou peu s'en fallait.

Les servantes, ravies, écoutaient derrière la porte, leurs linges de cuisine en main.

Cesario, qui expliquait à Nennele la formation des miroirs ardents, en exposant le cristal très-blanc de son pince-nez aux rayons de la lampe, finit par laisser cette importante conversation pour s'intéresser à la question débattue entre ses parents et son frère.

— C'est inutile, disait Paolo, le visage enflammé ; tant que tu ne me prouveras pas avec de bonnes raisons que Gonario Rosa ne doit pas entrer dans notre famille, je ne puis tenir compte de ton opposition. Si tu as de l'aversion pour lui, ou même de la haine, c'est une autre paire de manches. Ce sont des stupidités indignes de toi. Après tout, tu n'es plus un petit garçon et tu dois comprendre que des maris comme Rosa ne se rencontrent pas à chaque détour du chemin. Que diable t'a-t-il fait ? Toi seul parles mal de lui, qui sait pourquoi ? Ce n'est pas juste, vive Dieu ! que tu sacrifies l'avenir de ta sœur à une antipathie personnelle.

— Je ne puis en dire davantage ! cria à la fin Sebastiano. Si vous saviez ce que je sais, moi, vous ne parleriez pas ainsi. Non, il ne faut pas toujours voir uniquement l'argent, maudit argent ! On ne doit pas considérer seulement l'apparence, le *beau parti*. Il y a au bagne des avocats plus riches que Gonario Rosa !

Sur ce ton, avec des variations plus ou moins violentes, avec les coups de poing sur la table et le bruit des tasses déposées avec fracas çà et là, la scène dura près d'une heure. Maria Fara soutenait son mari ; Cesario gardait son air moqueur ou indifférent, mais qualifiait de temps en temps son frère d'insensé. Antonino et Nennele s'éclipsèrent l'un après l'autre ; quant aux trois jeunes filles, elles n'osaient parler.

Anna avait peur ; elle voyait Sebastiano si agité et bouleversé qu'elle se demandait si elle avait bien agi. Elle craignait quelque grand malheur et cherchait déjà comment elle essaierait de le conjurer. Elle ne souffrait plus pour elle-même ; le nom de Gonario ne la troublait pas ; pourtant, sans oser se l'avouer, elle se réjouissait dans le fond de son âme, à la pensée bien vague que Sebastiano pouvait empêcher ce mariage.

Caterina tremblait convulsivement ; mille paroles lui venaient à l'esprit et pas une ne sortait de ses lèvres. Tout-à-coup elle éclata en sanglots.

— Je.... ne veux pas de disputes à cause de moi, dit-elle en pleurant. Papa, mon papa, faites donc ce qu'il veut.

D'un mouvement de tête elle indiquait Sebastiano, qui s'était levé et venait de provoquer les larmes de sa sœur en disant :

— C'est bien. Faites ce qui vous paraît juste. Puisque vous avez demandé mon avis, je vous l'ai donné ; ma conscience crie *non*, mon cœur aussi, parce que j'aime Caterina, peut-être plus que vous ne le croyez. Si je fais de l'opposition, c'est pour son bien, pas pour autre chose. Appelez-moi ignorant, bête, tout ce que vous voudrez....

Les pleurs de Caterina et sa soumission, au lieu d'apaiser la fureur de Sebastiano, l'augmentèrent. Incapable de se maîtriser, il s'enfuit. Ses nerfs étaient surexcités et tendus au point qu'il craignait d'être frappé d'apoplexie. Et il se répétait : Je suis un sot, un imbécile.

Lui parti, la scène fut terminée. Les visages des femmes exprimaient une grande désolation ; mais Paolo dit avec fermeté :

— Ce mariage se fera, oui, il se fera...

Anna commença mélancoliquement à lever le couvert, pendant que Cesario, qui ne paraissait pas préoccupé outre mesure de l'affaire, cherchait sa clef pour sortir. Arrivé à la porte, il rebroussa chemin pourtant et entra dans la cuisine.

— Gare à vous, cria-t-il d'un ton menaçant aux domestiques, si vous répétez un seul mot de ce que vous avez entendu ce soir !...

— Oh ! soyez tranquille, répondit l'une d'elles, avec hypocrisie. Nous ne sommes pas de ces gens, nous... Ce sont des choses...

Elle essayait de le consoler en quelque sorte, mais Cesario lui tourna tranquillement le dos.

Quoi qu'il en fût, personne n'eut connaissance de ce qui s'était passé à la table des Velena, pendant cette soirée.

Le lendemain matin, Sebastiano entra dans le bureau, où son père travaillait déjà. Paolo comprit qu'il venait lui dire quelque chose, mais qu'il devait lui-même parler le premier.

— Eh bien ! as-tu réfléchi ?

— Je maintiens tout ce que j'ai dit hier soir, répondit Sebastiano, avec une tranquillité apparente. Du reste, vous saviez déjà que je m'opposerais à ce mariage. Caterina doit vous avoir mis au courant...

— J'ai lu, en effet, les lettres de Gonario.

Sebastiano eut aussitôt la pensée que son père pouvait connaître le motif de sa haine contre le prétendant ; il demanda :

— Alors vous savez ?...

— Ni moi, ni les autres, personne ne sait rien, et toi-même, sans doute, tu ne sais pas le pourquoi de...

— Passons là-dessus ! interrompit Sebastiano, en pensant : Mon père ne sait vraiment rien ! — S'il n'y avait pas eu de cause sérieuse, je n'aurais pas agi ainsi...

— Mais explique-toi donc une bonne fois, *per Bacco !*

— Je ne puis ! C'est peut-être vous qui avez

raison. Hier soir je me suis laissé emporter trop loin et je m'en repens. Eh bien ! écoutez : entre Gonario Rosa et moi, il existe… *quelque chose*. Je ne sais pas vaincre l'aversion qu'il m'inspire ; j'y ai pensé toute la nuit et je crois fermement que je ne pourrai jamais supporter sa présence comme… parent. Faites ce que vous désirez, puisque tous sont contents — et mentalement Sebastiano ajouta avec amertume : Même Anna ! — Moi, je m'en vais…

— Tu t'en vas?… s'écria Paolo, épouvanté.

— Oh! pas très-loin ! répondit vivement Sebastiano. Je n'irai pas en Amérique. Je pars pour San Giacomo.

San Giacomo était le lieu où Paolo Velena faisait faire actuellement une coupe de bois.

Le père sourit, quoique sa frayeur ne se changeât point en joie. Il reprit presque timidement :

— Ça va bien. Je dirai donc oui à Giovanni Rosa?

— Dites ce que vous voudrez. Je ne m'en mêle plus.

— Nous sommes tous heureux de l'honneur que vous nous faites. Telle était, le jour même, la réponse de Paolo au futur beau-père de Caterina. Dites à Gonario que nous l'invitons à souper pour le dernier jour de l'année, c'est-à-dire, après-demain. Vous viendrez aussi?

— Pour cette fois, je ne puis accepter ; j'en suis fâché ; je vous remercie...

Le vieux Rosa se confondit en excuses et il cherchait inutilement à rendre sa physionomie expressive.

Paolo ne se trouva point offensé ; il l'accompagna en souriant et ne voulut pas comprendre que le peu d'amitié qui les avait unis jusque-là, cessait du moment où se formaient entre eux les liens de parenté.

Sebastiano partit à cheval, le lendemain, pour San Giacomo,

Il devait y rester une ou deux semaines, et son départ sembla n'avoir aucun rapport avec les faits des jours précédents. A la maison, on en parla avec indifférence ; chacun était préoccupé des préparatifs nécessités par la petite fête intime.

Il fallait acheter les dragées, commander les truites et le cochon de lait pour le souper ;

puis, mettre la maison en état parfait. Cesario daigna télégraphier à un ami d'un village voisin, pour qu'il envoyât un panier de truites. Après beaucoup de démarches une domestique réussit à découvrir un berger de bonne volonté, qui promit d'apporter un beau petit porc à peine sevré.Les plus grandes difficultés étaient ainsi vaincues. Anna se chargea de la crème. Pendant qu'elle se livrait à cette importante occupation, après avoir relevé ses manches jusqu'aux coudes, et sans que sa besogne interrompît le cours de ses méditations,Sebastiano trottait à travers les landes d'un coteau désolé.

Il y avait dix heures de route entre Orolà et San Giacomo ; mais était-ce bien vers ce pays que Sebastiano allait ?

Oui, actuellement il se dirigeait de ce côté ; plus tard où irait-il ? Il se posait cette question et la réponse faisait saigner son cœur.

Le vent passait en tourbillonnant; de tous les points de l'horizon, de gros nuages s'élevaient au-dessus des montagnes d'un bleu sombre et voilaient le ciel déjà obscur. La neige, qui tombait par rafales, mouillait le caban de Sebastiano, et pénétrant sous le capuchon lui fouettait le visage, comme une poignée de fines épingles.

Jamais encore Sebastiano ne s'était senti aussi triste et désespéré.

— Faisait-il bien ou mal? Où allait-il? Pourquoi? Agissait-il en homme ou en gamin ? Cet acte était-il raisonnable ou insensé ?

— Qui sait?

— Pourquoi une chose puérile en apparence. insignifiante pour bien des gens et qui l'aurait couvert de ridicule, si elle avait été connue, l'enflammait-elle ainsi? Pourquoi allait-elle changer sa destinée?

— Sa résolution devait chagriner son père et sa mère… d'autres encore. Est-ce que leur affection et leur estime pour lui en seraient diminuées?

— Peut-être !

— Le temps aurait-il raison de son obstination? Plus tard reviendrait-il en arrière?

— Jamais! cria Sebastiano aux échos d'alentour, en éperonnant son cheval jusqu'au sang. et ses yeux croyaient voir le charmant profil d'Anna se dessiner dans un nuage pour s'évanouir aussitôt.

⁎⁎⁎

Le couvert de Sebastiano manquait donc à la table de famille.

Nennele et Antonino entrèrent silencieusement dans la salle à manger ; le premier, bien qu'il fût gourmand, ne paraissait pas se réjouir à l'idée d'un souper luxueux : au contraire, il était tout rêveur. Il traîna une chaise près du brasero, s'y installa et prit sur ses genoux le chat, qui se mit à miauler.

— Tais-toi, *Pulcherio*, murmura tristement Nennele, en caressant le dos de l'animal. Il regarda Antonino pour lui adresser une question, mais le courage lui manqua.

Antonino détachait le dernier feuillet du calendrier et en lisait l'éphéméride, peut-être avec une pensée philosophique.

— Antonino... dit à voix basse Nennele.

Au même moment Lucia parut avec un plat, qu'elle déposa sur la table. La porte grande ouverte laissa entrer une bonne odeur de rôti, et le petit garçon aperçut sa mère et Anna devant la cheminée de la cuisine, où était allumé un gros feu.

— Lucia, dit-il alors, en baissant davantage

la voix, est-ce vrai que Sebastiano ne reviendra plus ?...

Lucia tressaillit ; elle ferma précipitamment la porte et vint près du brasero, comme pour se chauffer les mains.

— Petit nigaud, dit-elle avec un sourire mélancolique, qui t'a parlé de cela?

— Personne ; je l'ai pensé moi... parce qu'il est parti depuis si longtemps... Sebastiano...

— Eh !... combien de jours ? Deux ! Il est allé voir les travaux, ne le sais-tu pas ?

Elle prit une des menottes de l'enfant et la caressa.

— Il ne faut pas répéter ces choses devant la maman, reprit-elle, ce soir encore moins...

— Non, je te le promets. répondit Nennele, rassuré.

Sa pensée était devenue celle de tous et assombrissait leur joie. Bien que ce fût un soupçon très-vague, ils sentaient le besoin de se réconforter les uns les autres, en parlant avec emphase de l'heureux événement du jour.

Paolo ayant déclaré qu'il avait envoyé Sebastiano voir les ouvriers, et qu'il partirait lui-même dès que le temps serait meilleur, chacun reprit espoir.

Vers les huit heures Gonario arriva avec Cesario, qui était allé le chercher pour lui faire honneur. Du reste, il n'y eut pas d'autre cérémonie.

Gonario se débarrassa de son pardessus et le donna à Lucia, après avoir salué simplement Caterina, accourue à la voix de son fiancé.

Paolo Velena entra à son tour.

— Bonsoir, dit Gonario en lui serrant la main. Les deux hommes échangèrent un regard expressif et ce fut tout.

Gonario ne s'informa point de Sebastiano et ne se montra pas étonné de son absence; il l'avait apprise et cela lui était probablement fort indifférent.

— Assieds-toi là, dit Maria, en lui indiquant la meilleure place. Gonario savait l'ordre dans lequel les Velena se plaçaient ordinairement; pour ne déranger personne il prit la place de Sebastiano, qui avait toujours Caterina près de lui, et il dit avec désinvolture :

— Sans plus de façons je m'assieds ici.

Une ombre passa dans les yeux de la mère de famille, mais Anna fut seule à s'en aper-

cevoir ; on aurait même pu croire la jeune
fille exclusivement occupée à installer Nennele et à lui attacher une serviette au cou.

Caterina s'assit entre Gonario et Antonino,
sans laisser voir d'abord aucun trouble. Elle
était fort jolie et bien habillée ; elle avait une
petite jaquette claire, avec garniture de
velours d'un bleu très-chatoyant à la lumière.
Ses cheveux étaient relevés en torsade un
peu au-dessus de la nuque, et quoiqu'elle les
eût très-bruns, le bleu lui seyait étonnamment.

Pour le moment on aurait dit les fiancés
tout-à-fait indifférents l'un à l'autre. Gonario
ne regardait pas Caterina et celle-ci détour-
nait les yeux par timidité, bien qu'elle devi-
nât le jeune homme très-beau et plus élégant
que de coutume. Sa cravate de satin blanc et
son plastron de chemise plus éclatant encore
de blancheur exhalaient un léger parfum.

Anna se trouvait en face de Gonario ; tous
les deux se voyaient, pour ainsi dire, sans
échanger le moindre regard, et se causaient
un embarras réciproque, pour des motifs différents. Une seule personne aurait pu le
remarquer, mais elle était loin.

Pour tous les autres convives, ce souper
était une fête de famille, gâtée seulement par

l'absence de cet original de Sebastiano ; encore cette impression, renouvelée de temps en temps, durait-elle peu.

Gonario riait, parlait d'un bout de la table à l'autre avec Cesario et Lucia, et plaisantait avec Nennele.

Après les hors-d'œuvre, saucisson et thon à l'huile, on avait mangé rapidement le potage, et Antonino fit cette remarque :

— On mange ainsi à Fonni : on avale les mets pendant qu'ils bouillent encore...

— Mais moi je me suis brûlé ! cria Nennele, en ouvrant démesurément la bouche.

Sa mère lui adressa en vain un coup-d'œil pour qu'il fût sage et silencieux, le bambin continua son bavardage, qui amusait Gonario.

On parla de Fonni, village de la fameuse Barbagia, des costumes, mœurs et usages de ses habitants. Ce fut un petit intermède.

Après le potage les plats défilèrent dans l'ordre suivant : le bœuf bouilli avec une salade d'olives sèches et de minuscules tomates vertes conservées, les jaunes macaronis, le mouton rôti avec des raiforts, les petits oiseaux servis sur des tranches de pain rissolées et une couche de riz bien doré.

— Maudit safran ! murmura Cesario, se tournant vers sa mère. Est-il possible qu'on ne puisse rien manger sans safran ?...

Maria était très-vexée, mais Gonario déclara cet ingrédient bon dans certains mets.

On parla alors du safran, de sa culture, de son mérite, etc. Lucia dit à son tour :

— C'est une épice. Nous n'en employons pas d'autres, excepté un peu de poivre pour quelques légumes.

— Les continentaux, s'écria Antonino, qui citait toujours des exemples pratiques, mangent le poivre à pleine cuillère. C'est pour cela qu'ils sont si colorés, tandis que nous autres Sardes, qui n'usons pas des épices, nous restons pâles...

— Quelles stupidités sont-ils en train de dire ! pensait Caterina, mortifiée. Elle ne faisait guère honneur au repas, malgré les instances de Gonario, très-empressé maintenant; bien qu'elle eût souvent dîné ou soupé en sa présence, elle était intimidée et toute rougissante.

— Mange, Caterina, lui disait Paolo en riant; tu n'oses donc pas ?

— Mais si, papa. Je mange beaucoup.

— Ce n'est pas vrai ! s'écria Gonario, en

riant aussi. Je finirai par en être offensé.

Cesario lança une de ses plaisanteries sceptiques :

— Tu es fâché à présent de ce qu'elle ne mange pas ; plus tard tu le seras parce qu'elle te dévorera tout !

Gonario recommença à rire, de son rire plein et sonore, tandis que Caterina, scandalisée, le regardait timidement.

Etait-il possible qu'on se montrât si prosaïque en pareille circonstance ? Non, ce n'était pas convenable qu'on invitât des fiancés à un repas !

Les truites vinrent à leur tour. En Sardaigne c'est chose rare et de grand luxe, mais celles-ci étaient maigres et sans saveur, elles ne firent aucun effet.

— Pulcherio sera bien content, ce soir ! s'écria Nennele, et il tira le tablier d'une des servantes, pour qu'elle écoutât sa recommandation de donner au chat toutes les arêtes des poissons.

Les domestiques, en camisoles blanches, le visage animé et souriant, servaient avec une grande précision. Chaque fois qu'elles enlevaient l'assiette de Caterina, elles lui adressaient de petits mots gracieux, mais d'un ton si bas que la jeune fille souriait aussi sans avoir compris.

Après l'exclamation de Nennele, sa mère, s'adressant à Anna, lui dit à voix basse : « Je t'en prie, fais-le rester tranquille »...

Que ce garçon se montrait mal élevé ! Elle en était honteuse.

Après les truites on servit de magnifiques poulets, puis enfin, sur un immense plat de porcelaine, le *clou* du souper, le petit porc fumant et doré, à l'arome délicieux.

Paolo le découpa avec une rare habileté, et la conversation devint à ce moment plus générale et très-animée.

Ils parlaient tous; Caterina elle-même babillait joyeusement, oubliant volontiers sa crainte que la place de Sebastiano restât pour toujours occupée par Gonario Rosa,

— Il reviendra ! pensait-elle, en regardant à la dérobée le profil fin et aristocratique de Gonario, et ils deviendront grands amis. Ils sont si bons tous les deux !

Anna seule causait à peine. Elle était, il est vrai, un personnage secondaire, auquel on prêtait peu d'attention. Souffrait-elle ? se réjouissait-elle ? On ne s'en préoccupait pas.

Pourvu que sa figure riante reflétât le bonheur d'autrui, tout était bien.

Caterina avait complètement oublié que sans sa cousine Sebastiano seraitencore là ce soir, et Gonario... dans sa maison.

Seulement de temps en temps, elle se tournait vers Anna, pour faire appel à sa mémoire ou lui demander d'appuyer son opinion. Anna lui répondait aussitôt et toujours l'expression d'une joie qui paraissait profonde, éclairait son doux visage.

Après le cochon de lait on apporta un pâté d'anguilles, ensuite des fromages exquis et du beurre.

Chez les Velena, comme dans les autres maisons, on servait le beurre aussi bien à la fin du repas que comme hors-d'œuvre (1).

Mais chacun avait assez mangé ; jusqu'à Nennele, qui regarda avec indifférence les fruits secs de tous genres et les fruits conser-

(1) La nomenclature des mets de ce souper donne une idée des *menus* sardes pour un repas de cérémonie, dans les petites villes du centre de l'île.

vés frais, lesquels furent apportés dans d'élégantes petites corbeilles d'asphodèle, garnies
de rubans.

— Merci, je n'accepte plus rien, dit Gonario,
et il repoussa doucement le plateau de pâtisseries.

Pourtant Caterina lui ayant révélé que la
crème était l'œuvre d'Anna, Gonario, qui cherchait l'occasion de se montrer aimable, goûta
la crême et dit :

— Je te fais mes compliments. On sait que
tu as des mains de fée !

Tout le monde se tutoyait maintenant.

Anna eut un sourire amer. Les paroles du
fiancé étaient comme un soufflet sur sa joue,
parce qu'elles évoquaient une série de souvenirs qui humiliaient cruellement la pauvre
fille.

— Veux-tu du café ? demanda Caterina à
Gonario.

— Non, merci, je n'accepte plus rien, répéta-
t-il.

Le souper fini, on commença les jeux auxquels on a coutume de se livrer le dernier
soir de l'année, le jeu des mariages, par
exemple. On écrivit sur de petits morceaux de
papier les noms de cinquante célibataires des

deux sexes, en y faisant figurer quelques vieilles filles et de vieux garçons, pour rendre la chose plus amusante. Puis, de part et d'autre, un billet fut laissé blanc. On jeta les noms des demoiselles dans le chapeau de Cesario, les autres dans une petite corbeille. Tandis que Nennele avait absolument voulu être inscrit, Antonino refusa en rougissant, mais Caterina écrivit son nom sans qu'il s'en doutât.

Nennele fut chargé de tirer les noms féminins, Anna les noms masculins, et chacun mit toute son attention au jeu, afin d'éviter les confusions. A mesure que Nennele prenait un billet, il le présentait à Antonino pour le faire lire.

Ceux dont les noms sortaient en même temps devaient se marier ensemble ; il en résultait les unions les plus singulières et divertissantes. A l'annonce de chaque couple c'étaient de nouveaux éclats de rire.

— Cesario Velena ! dit Anna.

Antonino s'écria :

— Maria Cajenna !

— Diable ! murmura Cesario, qui fumait dans un coin, évidemment ennuyé de devoir passer toute la soirée en famille.

Mademoiselle Cajenna n'était rien moins que la fille du sous-préfet, la première jeune personne de la ville, pour la distinction et l'élégance.

Tout le monde fut content de ce mariage.

Après cinq ou six autres noms, Anna demanda :

— Qui est-ce maintenant ?

Le billet en main, Antonino sourit et riposta :

— Dis quel est l'homme.

— Non, à toi d'abord.

Antonino s'obstinant, Anna dit :

— C'est un grand homme. Nennele Velena !

Antonino rit aux éclats. Son petit feuillet était blanc : Nennele ne trouvait pas de femme !

On plaisanta à qui mieux mieux et Nennele se fàcha.

Anna fut l'épouse d'un huissier ; Lucia, d'un juge ; Caterina eut pour mari... Antonino !

— Oh ! *per Bacco*, c'est un peu fort ! Nennele se dédommagea des moqueries de tout-à-l'heure, et Antonino, vexé à son tour, arracha le billet des mains d'Anna, pour le brûler à la flamme d'une bougie.

Gonario remit le nom de Caterina dans le chapeau et le tirage continua. Pour que les nombres fussent égaux, on ajouta un bulletin blanc aux noms masculins. Anna devinait l'envie folle que Caterina avait de revenir avec Gonario ; elle manœuvra habilement pour lire le nom de celui-ci, replier le billet et attendre ainsi la jeune fiancée, qui n'était jamais nommée.

— Tu ne sors donc pas? dit Caterina à Gonario.

— Je t'attends peut-être... répondit-il galamment.

— Je parie que je viendrai... avec le billet blanc ! Tu vas voir...

— Caterina Velena ! s'écria enfin Antonino.

— Gonario Rosa ! riposta Anna.

Sa voix tremblait légèrement, mais qui pouvait s'en apercevoir? Tous applaudissaient et riaient. Nennele trépignait de joie ; il s'attrista ensuite en pensant que si tout devait se réaliser comme pour sa sœur, il ne se marierait jamais !

Personne ne soupçonna la fraude et le jeu finit gaîment, pendant que les fiancés échangeaient de doux regards.

Le nom de Sebastiano ne fut jamais prononcé.

Après quelques autres amusements, Gonario s'étant aperçu que Maria Fara avait besoin de repos, et que Cesario montrait son ennui par des bâillements répétés, prit congé de la famille.

Caterina voulait le retenir, mais sa mère lui adressa un coup d'œil sévère. Après avoir été timide et presque gauche pendant une partie du repas, la jeune fille s'enhardissait trop ; sa mère ne voulait pas que si vite on abandonnât le peu d'étiquette observée en cette occasion.

— Bonsoir ; adieu, Caterina, adieu Nennele, dit Gonario. Il adressa un signe de la main au petit garçon, juché sur la table, au milieu des jeux et des verres encore à moitié remplis de vin.

Nennele lui envoya un baiser du bout des doigts et Caterina dit gaîment :

— Au revoir, à l'année prochaine !

Il sourit et s'en alla avec Cesario.

— Partez aussi, dit Lucia à Caterina et à sa cousine, après que les autres convives se furent retirés ; je resterai jusqu'à ce que tout soit rangé.

— Es-tu contente, Anni ? demanda Caterina, en montant l'escalier. Elle tenait son bougeoir d'une main, et de l'autre s'amusait à tirer la natte de la jeune fille.

— Moi? très-contente !

La réponse fut faite d'une voix vibrante, répercutée de telle sorte par la voûte de l'escalier que Caterina s'imagina un instant être dans une grotte.

Pendant qu'Anna arrangeait ses cheveux pour qu'ils restassent frisés le lendemain, Caterina, dont les yeux étincelaient, s'approcha de la croisée.

— Moi je n'ai pas sommeil, dit-elle ; veux-tu que j'ouvre la fenêtre ?

— Non, il fait froid et il est tard.

En effet, minuit sonna. Caterina tressaillit et cria, comme frappée d'une idée subite :

— Ecoute ! C'est l'année qui finit et l'année qui commence !

— J'y pensais, répondit Anna.

Dominée par la solennité mystérieuse du moment, dont elle ne cherchait pourtant pas à comprendre toute la mélancolie, Caterina demeura silencieuse et continua de regarder au loin. Sa jolie personne et la chambre faiblement éclairée se reflétaient dans les vitres ; au-delà c'était l'obscurité presque effrayante d'une nuit brumeuse et sans étoiles. Une impression de tristesse vint assombrir la joie triomphante de la jeune fiancée.

— Où est Sebastiano ? se demanda-t-elle
tout haut.

Anna ne dit rien, mais Caterina regardant
toujours dans le miroir un peu terne des vitres, distingua sa cousine agenouillée au
pied du lit, le visage caché dans la couverture
bleue, et ses cheveux magnifiques épars sur
les épaules, qu'un frisson secouait de temps
en temps.

L'Éloignement.

Le dimanche suivant Gonario et Caterina, accompagnés de Paolo et de Lucia, allèrent à la promenade.

Caterina portait la fine chaîne d'or, signe distinctif des fiancées ; le plaisir et l'orgueil de se montrer à côté de Gonario faisaient battre son cœur.

Toute la ville apprit ainsi que l'avocat Rosa épousait la sœur de Sebastiano Velena, comme on appelait la belle Caterina.

Alors commença le train ordinaire des bavardages, des jalousies féminines et des suppositions malicieuses.

— Elles ont du bonheur, n'est-ce pas? ces Velena. Elles trouvent des maris, et quels maris ! comme d'autres pourraient ramasser un clou ! Qui aurait cru que Caterina épouserait Rosa? Après tout, on savait qu'il était

destiné à entrer dans cette famille. Caterina!
une enfant! Hier encore elle avait les robes
courtes.

— Par exemple! Elle a vingt-deux ans.

— Ce n'est pas exact, elle en a dix-sept...

— Elle est si grande, si grande, qu'elle
pourrait mettre dans sa poche Lucia et Anna!

— N'importe; elle est petite d'années.

— Enfin elle n'est pas raisonnable du tout.
Et Rosa, ne croyez pas qu'il soit tellement
sage...

— C'est peut-être une affaire combinée
par les parents; je ne puis croire qu'ils se
marient par amour.

— Si, on le voit bien, ils sont très-épris.

— Qui sera maintenant à la hauteur des
Velena? Ils étaient déjà si fiers auparavant!

— Gonario est riche, très-riche; je parie
qu'il n'y a pas de maison ici ayant la fortune
des Rosa en argent comptant.

— Bah! qu'est-ce que cela nous fait? Bonne
chance, n'est-ce pas?

La nouvelle se répandit ensuite que Sebastiano, mécontent de ce mariage, était parti.

Beaucoup de gens aimables en éprouvèrent
un ineffable contentement.

— Vous verrez que le mariage ne se fera

pas. C'est une tête dure, Sebastiano Velena.

— C'est un fou. A quoi veut-il donc prétendre? demandaient quelques-unes, sympathisant secrètement avec celui qu'elles traitaient ainsi, pour cette raison seule qu'il empêcherait peut-être l'union de sa sœur avec Gonario.

En attendant, la chose prenait des proportions fantastiques, agrémentées de faits horribles.

— Sebastiano a été chassé de la maison, parce qu'il a menacé, le revolver en main, de tuer sa sœur.

— Non, de tuer Gonario Rosa.

— Et pourquoi ?

— Sebastiano voulait que Rosa lui signât une lettre de change ; l'autre a refusé ; de là vient la haine.

— Ce sont des bêtises ; je n'y crois pas.

— A ton gré, mais c'est la vérité. Tu peux t'attendre à quelque chose de grave.

— Où est Sebastiano ?

— Sur le continent, chez sa sœur.

Au lieu de cela, Sebastiano était dans les montagnes et habitait une vieille église devenuc un immense logement, à l'entrée d'un bois de chênes et d'yeuses. Là, de nombreux ouvriers, venus de la Haute-Italie, étaient occupés à réduire en charbon les restes des arbres écorcés, et, depuis trois mois, Sebastiano était installé au milieu d'eux.

L'endroit prenait le nom de l'ancienne église de San Giacomo, acquise par Paolo Velena en même temps que les terrains.

Le site avait un aspect mélancolique et sauvage. C'était un vaste plateau inculte, fermé par des bois que l'hiver avait dépouillés.

L'église avait été achetée dans un état de ruine complète, sans toiture, envahie par les ronces et le lierre. Une partie de l'intérieur, préservée par la grande voûte, était mieux conservée ; sans dépenser beaucoup, Paolo refit un toit avec tuiles et subdivisa la longue et unique nef en quatre grandes pièces.

En somme, c'était un local bizarre. San Giacomo n'avait pas de clocher et ne ressemblait pas à toutes les églises de la campagne sarde. On n'y avait pas adossé les chambres habituelles, dites *cumbissias*, où les fidèles demeurent pendant le temps de la neuvaine. Il y avait seulement deux petites sacristies et une galerie ouverte, avec arceaux, du côté du nord. Sur la façade, une pointe byzantine dépassait à peine le toit. L'église avait dû être, en effet, de style byzantin, parce que sur cette même façade on remarquait les traces d'une mosaïque, faite avec quelque soin, mais presque entièrement composée de pierres du pays.

A l'intérieur, rien désormais ne rappelait le lieu saint.

Deux chambres servaient à Paolo pendant ses longs séjours. Dans les autres étaient les aliments, les boissons et tout ce qui pouvait être nécessaire aux travailleurs. On appelait cela la *dispense*.

C'était encore une spéculation : on gagnait sur toutes choses, les faisant payer presque le double de leur prix aux ouvriers, nécessairement obligés de s'approvisionner là.

Ces hommes, dociles et bons, presque tous Toscans, se retiraient aux heures de repos dans les deux sacristies, indépendantes de l'église, ou dans des cabanes construites à cet effet.

Sebastiano arriva de nuit à San Giacomo. Il fut reçu par le *signor Francesco*, l'intendant de Paolo Velena.

Le *signor Francesco*, ainsi l'appelait-on et peu

de gens savaient son nom de famille, était un homme énergique et sûr, au service de Paolo depuis plus de vingt ans. Il avait commencé par être simple charbonnier, et peu à peu il s'était élevé au grade suprême d'intendant des travaux de Paolo Velena. Celui-ci l'estimait, le considérait presque comme un ami, et se fiait complètement à lui. On disait maintenant que le signor Francesco avait beaucoup d'argent et que bientôt il deviendrait lui-même entrepreneur et spéculateur. Lui et Sebastiano se connaissaient de longue date. Francesco savait les idées et les opinions du jeune homme; aussi s'étonna-t-il grandement de le voir à San Giacomo, mais il ne dit rien. L'intendant était maigre, chauve et de haute taille, voilà pour le physique; au moral c'était un taciturne et surtout un personnage prudent.

Sebastiano ne donna point les motifs de son voyage ; seulement, lorsque Francesco voulut, le lendemain, lui présenter les registres et les livres, il parut s'éveiller d'un songe et dit :

— Laissez, je ne suis pas venu pour cela.

— Pourquoi donc est-il venu ? pensa Francesco. Il ne se permit pourtant aucune observation.

Un fait si nouveau l'inquiéta.

La présence de Sebastiano le gênait, parce qu'il ne réussissait pas à se l'expliquer, de même qu'il ne comprenait pas les allures du jeune homme. Sebastiano paraissait absorbé ou au moins indifférent. Il ne parlait pas, ne souriait jamais ; par moments, il tombait dans un véritable marasme, et si l'intendant lui adressait la parole, il répondait par des Ah ! et des Oui ! qui auraient offensé tout autre que le signor Francesco.

En arrivant, Sebastiano s'était d'abord préoccupé de son cheval ; puis, après lui avoir trouvé du fourrage. et un lieu pour paître, même une cabane, en cas de neige. il s'était complètement abandonné à cette sorte de tristesse ou d'ennui qui déroutait l'intendant.

Ils firent ensemble le tour du bois ; ils regardèrent les fours déjà allumés et ceux que l'on fabriquait ; ils parcoururent les différents endroits où l'on travaillait.

Francesco fit connaître à Sebastiano tous les ouvriers ; il lui expliqua avec déférence chaque détail de l'exploitation ; il le contraignit enfin à examiner les registres et les bulletins. Mais Sebastiano ne s'intéressa pas longtemps à tout cela. Après une seconde visite aux fourneaux, il s'enferma dans la chambre où son père couchait ordinairement, tandis que l'autre était réservée à l'intendant, et il se mit à écrire.

— Pourquoi diable est-il ici ? répétait à part lui le bon et brave signor Francesco. Une idée pénible lui était venue à l'esprit, dès le premier jour, et le mystère dont le jeune homme s'entourait, ne faisait qu'augmenter son anxiété.

— Peut-être, se disait-il tout bas, le fils du signor Paolo a-t-il fait quelque folie. Qui sait ? Ces Sardes ont un tempérament si ardent ! Le père ne semble pas être de cette race, mais les fils !... D'ailleurs, un rien suffit pour vous enflammer, quand on est jeune. Qui sait ? qui sait ?

Enfin, il soupçonnait Sebastiano d'avoir commis quelque méfait et de se cacher. Ce qui donnait plus de consistance à ses doutes était la recommandation faite par Sebastiano de ne révéler sa présence à personne et de ne point le déranger, dans le cas où un habitant d'Orolà passerait à San Giacomo. Il ne voulait pas être vu.

Ces suppositions commençaient à devenir un véritable tourment pour Francesco, quand arriva Paolo Velena, qui, entre autres choses, daigna lui apprendre les fiançailles de sa petite Caterina avec l'avocat Rosa.

Sebastiano était présent et Francesco ne s'aperçut pas que la communication était plutôt à l'adresse du jeune homme qu'à la sienne. Paolo se retira ensuite avec son fils et ils causèrent seuls longuement.

L'intendant n'était pas curieux et il était un peu sourd : double motif pour ne rien saisir de la conversation. De plus, il y avait derrière la porte qui mettait les deux vastes pièces en communication, un store en guise de portière ; cela suffisait pour étouffer le son des voix. Mais, tout-à-coup, on parla plus haut, avec véhémence. Francesco entendit très-bien que Paolo Velena traitait son fils d'imbécile, de fou et de stupide.

— Non, je ne puis ! répétait Sebastiano. Il est inutile que vous insistiez.

Les deux interlocuteurs reprirent leur ton ordinaire et l'intendant n'en sut pas davantage. Cependant, il était assez intelligent pour comprendre qu'il se passait quelque chose de grave. Lorsqu'il revit ses maîtres, comme il appelait respectueusement les Velena, il leur trouva un air ému et triste, et les soupçons allaient se changer en certitude, quand Paolo expliqua d'une manière plausible la présence de Sebastiano.

Les bois dont les spéculateurs sardes ou autres ont fait couper les arbres, sont abandonnés de telle sorte qu'ils ne produisent pas seulement de quoi payer l'impôt foncier. Il est vrai que, le plus souvent, ce sont des terrains escarpés et arides ; ils servent comme pâturages pour les chèvres, ou ils reçoivent certaines semences. Une forêt réduite à cet état peut valoir cent écus et encore moins, après avoir coûté vingt mille francs.

Le territoire de San Giacomo était un lieu fertile et sans escarpements, relativement chaud, parce qu'il était abrité par les montagnes au pied desquelles s'étendait le bois. De nombreux ruisseaux prenaient leurs sources dans ces montagnes ; en hiver, ils grossissaient les affluents du Cedrino, en été, ils se transformaient en marais, rendant l'atmosphère moins salubre mais la terre plus féconde.

Maintenant le travail était presque terminé, et Paolo n'entendait point revendre la forêt ni la délaisser. Il voulait en faire un domaine renfermant vigne, jardin et verger, semis et pâturages ; Sebastiano était venu pour étudier ce projet.

Francesco se montra très-satisfait et intérieurement il s'appliqua à lui-même l'épithète d'imbécile, en réfléchissant à son idée de Sebastiano... bandit !

*_**

L'espèce d'ahurissement qui, jusqu'à ce jour, avait changé la physionomie de Sebastiano, disparut comme par enchantement. Le pauvre garçon était parti sans presque savoir où il allait, sans but dans la vie, l'âme désespérée ; il retrouvait sur ces hauteurs son rêve le plus cher. On lui donnait une terre vierge, une maison, l'argent pour payer les mercenaires.

Voici qu'il pouvait, dans l'épanouissement de sa jeunesse et de ses forces, commencer son œuvre avec la ferme espérance de la mener à bien. Il avait alors vingt-sept ans : moralement, c'était un adolescent, parce qu'il avait gardé pures sa vie et son imagination ; mais ses nerfs et ses muscles de fer, sa force et le sang généreux qui coulait dans ses veines, en faisaient un homme aussi apte aux grandes choses que s'il eût été mûri par l'expérience et les passions.

Au début, sa joie fut intense, presque fébrile ; il lui sembla que les nuages disparaissaient complètement de son horizon ; il crut tout oublier, Anna, les frères et les sœurs, sa mère et ses amis, Gonario et la maison paternelle. Il ne douta pas une minute de lui-même et rien ne lui parut difficile. Ce que son imagination avait édifié dans le vide, se dressa devant lui, éblouissant de vérité.

Sebastiano explora les coins et recoins de la forêt, examinant la terre et l'eau. Au-delà des limites de l'immense terrain, vers le village, il vit une pente inculte, couverte de lentisques, d'oliviers et de poiriers sauvages.

— Nous l'achèterons ! pensa-t-il, en s'arrêtant au beau milieu d'un paquet de ronces. Le jour était à son déclin, dans quelques instants ce serait le soir, un de ces étranges soirs d'hiver, où le vent balaie les nuages violets et fait paraître le ciel plus haut et plus limpide que dans les autres saisons.

Sebastiano entendait déjà le bruissement des rameaux de jeunes et vigoureux oliviers ; il vit le moulin d'où sortirait cette richesse inconnue, l'huile d'olives.

Au retour, sous les derniers rayons qui mettaient une teinte lilas et jaune sur les quelques chênes laissés dans la clairière, il vit encore la vigne, avec de longues files de cerisiers dans les allées couvertes de petits graviers, le bois d'amandiers bien alignés. Uu ruisseau coulait près des jardins, des laiteries et des pâturages ; les champs de blé s'étendaient autour de la vigne....

Jamais Sebastiano n'oublia cette soirée.

Les charbonniers frappaient les troncs d'arbres à coups de hache ; quelques-uns accompagnaient leur travail d'un chant mélancolique, et les voix, plus vibrantes dans la solitude, éveillaient l'écho du soir.

Sebastiano s'arrêta près des fours souterrains et il causa longuement avec les ouvriers, qui le saluaient respectueusement.

Plus loin, il rencontra les charretiers venus de la ville afin de charger le charbon et le transporter sur la plage, où Paolo Velena devait ensuite l'embarquer pour Livourne. Sebastiano demanda des nouvelles de la maison. Un de ces hommes avait une lettre pour lui et apportait dans son char une foule d'objets. Il avait vu la signora Maria en bonne santé, de même que tous les autres membres de la famille.

— Reviendrez-vous bientôt ? dit-il.

— Eh ! je ne sais pas, répondit Sebastiano. Lorsque le travail actuel sera terminé, on commencera à construire un mur autour de la forêt.

— Nous en ferons une *tanca* ? (1)

— Oui.

Avant de rentrer, Sebastiano fit une halte devant son logis. Le jeune garçon qui servait le signor Francesco, en cumulant les fonctions de cuisinier, de valet et de commis, passa à côté de lui et le salua, en disant d'un ton soumis :

— Bonsoir. Vos effets sont arrivés.

— Je viens tout de suite, Marco.

Sebastiano resta, au contraire, un long moment encore, absorbé dans ses pensées. Il faisait presque nuit, mais le croissant doré de la nouvelle lune brillait au-delà des bois humides, et ses rayons se fondant avec les dernières lueurs du crépuscule, venaient éclairer les mosaïques de la façade.

Sebastiano poursuivit son rêve. Il vit l'église

(1) Pâturages avec cabanes pour les bergers.

de San Giacomo se transformer en une véritable habitation, et il pensa avec tendresse à sa mère, qui viendrait peut-être passer là des jours bien calmes, lorsque tous ses enfants auraient déserté le toit paternel.

Il rentra enfin. Pendant l'après-midi, il avait, comme toujours, pensé constamment à Anna. Il ne pouvait absolument l'éloigner de son souvenir ; elle y était et y demeurait malgré tout. Mais, depuis quelques jours, son image chérie s'effaçait un peu ; au milieu de préoccupations nouvelles, Sebastiano se croyait, par moments, prêt à l'oublier. Leur complète séparation ne le désespérait plus, et le ressentiment contre Gonario s'évanouissait, en même temps que la passion pour Anna allait s'affaiblissant.

Il ne se rendait pas compte que ceci était un apaisement passager ; à la première occasion tout se réveillerait en lui.

Effectivement, à peine eut-il vu les vêtements et le linge, les journaux, les vivres, deux sièges, un oreiller, chaque chose enfin qu'il avait recommandé à son père de lui envoyer, que son cœur se mit à battre avec force. Le sang afflua à son cerveau et en une minute les sensations oubliées revinrent en foule.

Sebastiano retomba alors dans l'accablement et la tristesse des premiers jours. Ses parents, ses frères et sœurs, tous les coins familiers de la maison, dont chaque objet apportait comme un parfum, étaient devant ses yeux. Il fut pris d'une grande tendresse pour Nennele, d'une envie folle de le revoir et de le serrer dans ses bras, de babiller et de rire avec lui. Le regret de la vie habituelle, qu'il avait abandonnée pour toujours, s'insinua dans son cœur comme un philtre délétère, et il recommença à vivre dans le passé, pour ainsi dire : le présent et l'avenir ne l'intéressaient plus.

Il rangea tout précipitamment. La vaste pièce qui servait de chambre à coucher et de cabinet de travail, avait été jusqu'à ces derniers temps fort en désordre. Il y avait une couche de poussière partout, sur les murs blancs, dont l'un conservait une corniche d'église, comme sur les meubles de campagne, plus que modestes. On devinait aisément qu'une main de femme n'avait jamais passé là.

Des deux fenêtres, une petite, faite récemment en bois brut, s'ouvrait seulement dans les beaux jours, ou pour aérer. L'autre était la grande croisée demi-ovale de l'église, placée sous la corniche, et que l'on avait restaurée et munie d'un vitrage. La lumière venait donc d'en haut, du côté de l'occident, et à cette heure, la lune envoyait sa douce clarté dans cette partie que n'éclairait pas la lampe de Sebastiano.

Envahi par une tristesse invincible, le jeune homme jeta son oreiller sur le lit et se coucha, en attendant le retour de l'intendant.

Il se mit à lire les journaux, cherchant inutilement à en comprendre le sens, à s'intéresser à des faits qui ne le regardaient pas, ou à des événements lointains.

Il était à un de ces moments d'égoïsme complet, où le monde se résume en nous seuls, où il n'y a de réel, en quelque sorte, que nos joies ou nos souffrances et ce qui les a causées.

Pendant qu'il lisait d'importantes dépêches politiques, son cœur sanglotait : « Je retournerai là-bas ! Qu'est-ce que je fais ici, seul, dans ce désert? »

Il lut ensuite un violent article de fond contre le Ministère, en pensant aux graves conséquences que pouvait avoir son éloignement pour la fortune de la famille, dont il était devenu, lui, un des artisans. Cette réflexion s'était déjà imposée à lui, mais pas avec autant de persistance.

— Je retournerai là-bas ! Oui, j'y retournerai !

Qu'est-ce que la réalisation des projets si doucement caressés ce jour-là, si rien ne le récompense de ses efforts, s'il est *seul* à jouir de son bien ?

Anna ! Il partirait ; il devait et il voulait se faire aimer d'elle ; sans elle il ne pouvait rien. De ses petites mains blanches elle brisait les nerfs et les muscles de Sebastiano ; il se sentait faiblir et ce qui l'avait éloigné de sa maison et de son devoir, l'y attirait à cette heure irrésistiblement.

Pendant bien des jours, ce second *moi* qui était en Sebastiano, comme en tout autre mortel, lutta avec acharnement contre la nostalgie, contre la passion, contre les désespérances et le désir ardent du retour. La crainte d'être ridicule et de passer pour un fou, l'amour-propre, la pensée d'abandonner son entreprise à peine décidée et de s'entendre dire par son père : « Comment ! tu t'es effrayé ? » le retenaient.

Ce dernier motif surtout l'arrêtait. Paolo, qui souhaitait vivement le retour de son fils, ne lui aurait peut-être rien dit, mais n'en aurait pas moins fait pareille supposition, et cela revenait au même.

Durant ces courtes journées où Sebastiano bravait le froid, le vent et la pluie, où il s'intéressait au travail des hommes qui l'entouraient comme les sombres figures d'un cauchemar, il hésitait ainsi entre l'amour et le respect humain. La soirée venue, avec la pesante mélancolie des crépuscules d'hiver et le silence de cette campagne désolée, le pauvre garçon avait envie de pleurer et son cœur répétait : « Demain je partirai ! »

Il était vraiment décidé lorsque justement un de ces soirs, vers la fin de mars, il reçut une petite lettre d'Anna disant à peu près ceci : Caterina se mariera au mois de septembre, sinon avant. Angela viendra pour les noces et m'emmènera ensuite avec elle... peut-être pour toujours !

Le lendemain Sebastiano monta à cheval et alla au village, pour engager les ouvriers qui devaient faire le premier mur d'enceinte à

San Giacomo. Il se rendit ensuite chez le propriétaire du terrain couvert d'oliviers sauvages qui avoisinait la forêt, afin de lui en proposer l'acquisition.

Sebastiano était pâle, le visage un peu contracté, mais une grande énergie se lisait à présent dans son regard dur et sévère. Il ne repartirait jamais !

Pendant le carnaval de cette année-là les demoiselles Velena s'amusèrent beaucoup. Elles allaient aux bals du cercle et de la sous-préfecture. Les officiers courtisaient Lucia et Anna, même Caterina. La jalousie de Gonario amenait cependant des incidents fâcheux, et un soir il faillit provoquer en duel un lieutenant, qui cherchait à lui ravir sa belle fiancée. Il se querellait souvent avec elle : Caterina, jalouse aussi, parlait de le renvoyer, le haïssait, pleurait et faisait des scènes. Mais ils se raccommodaient bientôt et s'adoraient plus que jamais.

Gonario venait régulièrement faire sa cour, souvent il arrivait dès le matin et oubliait de s'en aller. Cesario, ennuyé, prétendait que le mariage devait avoir lieu à bref délai. La présence de Gonario, comme prétendu, lui déplaisait souverainement ; il le connaissait trop bien pour croire à sa constance, et convaincu qu'en allant de ce pas les fiancés arriveraient à se détester par excès d'amour, il disait qu'il fallait les priver de se voir souvent ou les marier promptement. Obsédée par son fils, la signora Maria chercha à persuader Gonario, afin qu'il espaçât ses visites ou qu'il hâtât le mariage.

Le jeune Rosa ne demandait qu'à abréger le temps des fiançailles ; il aurait voulu que la cérémonie eût lieu immédiatement, le même jour.

On fixa les noces à six mois plus tard ; délai nécessaire pour la confection du trousseau et pour mille préparatifs.

— Ils se marieront au commencement de septembre, dit Lucia à sa cousine, un jour qu'elles se trouvaient ensemble au jardin.

C'était un doux après-midi de mars ; les deux jeunes filles, accoudées sur le mur, regardaient Nennele jouer avec d'autres bambins, sur la pente où l'herbe commençait à croître. Depuis que Caterina gardait tous ses sourires et ses pensées pour Gonario, Anna

se sentant isolée et triste, s'était insensiblement rapprochée de Lucia, avec laquelle elle
n'avait jamais été en grande intimité. Lucia
se montra toute disposée à l'accueillir affectueusement; en peu de jours elle s'entendirent
si bien que Caterina, toujours égoïste, en prit
ombrage. Elle ne se plaignit point cependant,
elle savait que la faute en était à elle seule si
Anna la délaissait.

—Quelle affaire, mon Dieu! continua Lucia, à
voix basse et se prenant la tête à deux mains.

— Oh! oui, répliqua Anna. Je croyais qu'on
attendrait encore un an ou deux. Ta sœur est
si enfant!

Et elle se mit à rire à l'idée de voir Caterina
maîtresse de maison, Caterina qui jouait encore avec son petit frère et qui pleurait à propos de rien. Tout-à-coup elle s'écria :

— Est-ce bien vrai? Qui te l'a dit?

— Maman. Le père de Gonario est venu ce
matin; ne l'as-tu pas vu?

— Si. C'est pour cela qu'il est venu?

— Oui, et la chose est décidée.

— Est-ce possible? Ta mère a consenti? dit
encore Anna, de plus en plus étonnée. Pourtant elle chercha à paraître indifférente et
elle ajouta: Que peut apprendre Caterina en

six mois ? Gonario est assez riche pour l'entourer de domestiques, mais cela ne suffit pas dans cette grande maison. Les servantes commanderont à Caterina, comme à présent elles commandent à Gonario et à son père...

—Ah! ah! tu ne sais pas! dit Lucia, avec un rire forcé.

— Nennele! cria-t-elle, en voyant son petit frère qui s'efforçait de transporter une pierre énorme d'un point à un autre ; il en tirait la langue. Jette cela. Veux-tu m'écouter? Nennele, tu vas me faire perdre patience ! Ne vois-tu pas que tu déchires tes vêtements? Nennele ! faut-il appeler la maman ?

Après une fière dispute, au cours de laquelle Lucia, dominée par sa mauvaise humeur, et contrairement à ses habitudes, avait employé des termes plus que vifs, Nennele lâcha la pierre. Sa sœur put alors reprendre la conversation interrompue.

— Eh bien ! dit-elle, avec amertume et sur un ton de raillerie, Caterina n'aura pas besoin de faire la maîtresse de maison ! Ils resteront ici. Comprends-tu?....

— Ils resteront ici! répéta Anna, interdite. Elle pâlissait et elle eut besoin de toute sa vo-

lonté pour contenir l'émotion qui s'emparait
d'elle.

— Tu en es fâchée, toi aussi, n'est-ce pas ?
reprit Lucia. Cela ne me surprend point. Mais,
c'est connu, elle a toujours été la préférée !
Ils resteront ici... tant que Sebastiano ne reviendra pas... Nous aurons ainsi deux avocats à la maison ; que nous manquera-t-il ?

Lucia ne put ou ne voulut en dire davantage, mais deux larmes brillèrent dans ses
grands yeux noirs. Anna, touchée par le chagrin de sa cousine, dissimula son propre déplaisir et son effroi.

Lucia souffrait parce qu'elle prévoyait un
bouleversement des habitudes de la famille,
qu'il était, en effet, facile d'imaginer.

De son côté, Anna se sentait complètement
découragée. Non, c'était trop ! Pourquoi Dieu
se montrait-il implacable ? Elle avait espéré
jusqu'alors qu'après le mariage Gonario dis-
paraîtrait un peu de sa pensée. Du moins elle
ne le verrait plus à toute heure ; elle n'aurait
pas à s'enfuir éperdue, comme lorsqu'elle
surprenait les regards brûlants des deux fiancés, ou quand il prodiguait à Caterina les
attentions câlines. les soins et toutes les dé-
monstrations d'un vif amour. Elle avait aussi

espéré le retour de Sebastiano après les noces, car elle voyait combien il manquait dans
la maison.

Bien des choses restaient en souffrance et
la présence du brillant Gonario ne suffisait pas
à combler le vide laissé par Sebastiano.

Anna devinait sa tante profondément cha-
grinée de l'éloignement de son fils et d'un
certain désarroi qui en résultait. Gonario ne
parlait pas plus de l'absent que s'il n'existait
pas, et, à présent que la cohabitation était décidée, Sebastiano ne reviendrait jamais. A ne
compter que cela, n'était-ce pas un malheur ?
Anna se considérait comme la cause de tout
et elle en ressentait une tristesse mortelle.
L'annonce du mariage à une date rapprochée
lui avait d'abord procuré une sorte de soulagement ; elle n'avait réprimé son premier
mouvement de joie que pour complaire à Lucia ; maintenant elle était anéantie.

Non, Sebastiano ne reviendrait pas ; elle
ne pouvait pas rester non plus. Où donc
irait-elle ?

Elle continua à causer avec sa cousine.

— Et Cesario, que dit-il ?

— Oh ! peu lui importe. Ne sais-tu pas comme il est ? Il ne s'occupe pas de ces mi-

sères, bien qu'il ait conseillé lui-même de
se hâter. La présence de Gonario le gène un
peu actuellement; plus tard elle lui deviendra
indifférente... comme toutes choses...

— Et toi, tu ne feras pas d'opposition ?

— Moi ! Dieu m'en garde ! Les autres sont
si contents ! Ma mère est sûre que Sebastiano
ne reviendra pas... tu sais bien... il reste à
San Giacomo pour faire défricher le terrain...
et puis ! Ecoute, voici le secret: Giovanni Rosa
ne veut pas garder les époux ; maman sait
Caterina incapable de gouverner un ménage ;
Caterina veut demeurer ici à tout prix; donc
tout s'enchaîne. Mon père est satisfait, chacun
est content. Moi... moi je ne sais rien, je ne
dis rien, mais je prévois de vilaines choses.
J'en ai la tête malade. Et toi ?

— Oh! moi? s'écria Anna, en se contraignant
à rire, je suis très-satisfaite aussi.

Quand elle fut seule elle se retira dans l'angle le plus éloigné du mur et resta immobile
pendant près d'une heure, la tête appuyée contre les pierres, les traits tirés, le regard perdu
dans une triste vision.

Elle se revoyait deux semaines auparavant.
Elle était allée à son village, pour tenir une petite cousine sur les fonts baptismaux. Elle

était retournée là-bas bien des fois depuis son installation à la ville, mais jamais encore elle n'y avait eu des impressions semblables. L'hospitalité cordiale de ses parents, la vue de leur vie simple et si différente de la sienne, lui avaient fait grand bien ; il lui semblait se plonger dans une onde bienfaisante de paix et d'oubli. Les jeunes gens la courtisaient, les femmes lui faisaient mille caresses, la promenaient de maison en maison, dans les campagnes et dans les bergeries, cherchant à l'amuser.

— Oui, se dit-elle un soir, tout n'a été qu'un songe !

Elle crut avoir complètement oublié Gonario Rosa et sa première, unique et obsédante passion. Elle pensa que lorsqu'elle redescendrait à la ville, avec ses vêtements encore imprégnés du parfum agreste de son pays, dont les amandiers et les aubépins étaient déjà en pleine floraison, elle aurait l'illusion d'y venir pour la première fois. Elle le reverrait *lui* avec indifférence, elle lui pardonnerait, elle arriverait peut-être à l'aimer comme un frère, comme elle aimait ses cousins. Le visage bronzé, qui se distinguait au milieu de tous les autres par sa beauté originale, ne la ferait plus trembler ;

elle ne devrait plus le regarder avec le sourire aux lèvres et la peur dans les yeux.

Elle était presque rassurée, quand elle éprouva une singulière émotion le jour du baptême. Au retour de l'église on déjeuna, selon la coutume de l'endroit, dans la chambre où était née l'enfant. La jeune mère se remit au lit : parée d'un corsage de velours rouge, elle se tenait assise, appuyée contre les oreillers recouverts de percale, avec le bébé couché près d'elle, et la table étant dressée à côté du lit, elle se joignait ainsi aux autres convives, à la mode latine. Les plus proches parents étaient invités et à la fin du repas un berger devait apporter un cochon de lait, dont la jeune femme ferait cadeau à la marraine.

Tout cela divertissait Anna au suprême degré ; son visage rayonnait et déjà elle pensait au plaisir de raconter ces coutumes bizarres à Caterina et aux autres personnes de la famille.

Décidément elle n'était plus la même ; depuis longtemps elle n'avait ri aussi franchement.

Au bout d'une heure, ainsi qu'il était convenu, le berger arriva, vêtu avec soin. Il déposa sur la table une large corbeille d'asphodèle, où *le petit porc de la commère* reposait sur une couche de branches de myrte, et il dit les phrases et compliments usités en pareille circonstance.

Mais Anna n'entendit rien. Elle regardait le nouveau venu avec des yeux agrandis par la stupéfaction, comme si un phénomène surnaturel lui était apparu subitement. Une angoisse poignante remplaça les impressions joyeuses de tout-à-l'heure. Anna comprit avec humiliation et terreur qu'elle *n'oubliait pas*. Intérieurement, elle restait ce qu'elle avait été les mois précédents. Les choses extérieures pouvaient la distraire un moment, mais il suffisait du moindre incident pour la ramener en arrière.

Qu'était-ce actuellement? Une coïncidence simple et douloureuse en même temps, un de ces faits singuliers qui se produisent souvent : le visage du jeune pasteur ressemblait parfaitement à celui de Gonario Rosa !

. . . .

. . . .

. . . .

—Je m'en irai aussi, comme Sebastiano, pensa Anna, après s'être rappelé la sensation éprouvée au village, et frissonnant encore de honte et de colère contre sa propre impuissance.

Un séjour au loin la séduisit comme une vision de paix et d'espérance. Elle traversa le jardin dans toute sa longueur, poursuivie par les cris joyeux et les éclats de rire des enfants, qui continuaient de jouer au-delà du mur. Il lui semblait s'acheminer déjà vers l'inconnu.

Elle se rappela les premiers jours à Orolà ; elle revit Sebastiano, les ciseaux en main, menacer Caterina de lui couper le bout du nez, et un pâle sourire effleura ses lèvres, qui se plissèrent ensuite dans un mouvement de tristesse infinie.

Des nuages blancs, éparpillés sur l'azur un peu terne du firmament, ressemblaient aux lambeaux d'un voile immense, poussés insensiblement par la brise, qui agitait à peine la cîme des amandiers. Ils passaient tels que des voyageurs heureux, s'en allant vers un but enchanteur qu'ils n'atteindront pourtant jamais.

Tout, dans la nature, parlait à l'âme poétique d'Anna, et bien des fois elle avait trouvé dans la contemplation de choses immatérielles le courage et la force que personne ne pouvait lui donner.

Ainsi, dans l'angoisse de ce jour, elle s'imagina que les arbres, le ciel et les nuages comprenaient ses pensées et les partageaient ; les

sentiments qu'elle leur prêtait étaient les siens.
En passant sous les amandiers en fleurs, dans
cette douce atmosphère où tant de rêves
l'avaient bercée, elle dit du fond de son cœur,
en pensant au départ : Adieu ! adieu !

Et il lui sembla que les hautes branches
fleuries s'inclinaient sur son passage pour la
saluer, faisant pleuvoir sur sa tête fine, sur sa
tresse, sur sa robe de laine sombre, une quantité de pétales blancs et de calices rouges, en
signe d'adieu !

En rentrant à la maison Anna trouva Gonario, qui se promenait de long en large dans la
salle à manger.

Caterina, silencieuse par excès de joie, se
hâtait de préparer sur un plateau le service à
café, et bien que son fiancé n'eût pas l'air de
la regarder, la jeune fille mettait une grâce
exquise dans tous ses mouvements. Gonario
continuait à aller et venir ; usant de la familia-
rité dont il avait pris l'habitude, il chantonnait
l'air de Richard III :

> Tu auras des parfums d'Arabie
> Ta chevelure embaumée...

Il y avait tant d'amour et une intention si
évidente dans son accent, qu'Anna ne put

s'empêcher de faire connaître peu après, tandis qu'elle servait le café, sa récente détermination. Elle céderait au désir d'Angela et s'en irait avec elle, pour passer quelque temps sur le continent, lorsque la jeune femme repartirait après *leur mariage.* Elle l'écrivit ensuite à Sebastiano.

Les âmes honnêtes

Annicca Malvas, donna Anna, comme on
l'appelle, revint en Sardaigne avec Angela,
vers la fin du mois d'avril (1894).

Le ménage Demeda est toujours sans enfant.
Angela, dont le mari poursuit brillamment sa
carrière, est devenue la personne la plus dis-
tinguée que l'on puisse imaginer. Elle com-
mande ses toilettes à Paris et n'emploie que
des parfums aristocratiques ; elle ne parle
plus le dialecte de son pays, elle s'exprime
même en italien avec une certaine élégance.
En route Anna aurait passé pour sa demoiselle de compagnie, si une dame sarde pouvait
se permettre un tel luxe. Angela, il est vrai,
avait l'air d'une voyageuse d'outre-mer.

Cependant, l'Anna actuelle ne ressemblait
guère à celle du mois de septembre 1892. Elle
paraissait grandie et mieux proportionnée ;

ses yeux avaient changé d'expression, ils étaient plus vifs, plus intelligents. Quand elle s'animait en causant, ils brillaient d'une façon étonnante, et on y aurait cherché vainement le moindre reflet de tristesse, de regret ou de sentimentalité. Si, parfois, ils s'assombrissaient ou ne témoignaient qu'une vague indifférence, c'était peut-être lassitude et fatigue d'un long trajet.

Anna portait un costume de voyage très-simple, gris poussière, et une jolie toque assortie. Comme il faisait froid, elle s'était munie d'un manchon et d'un petit manteau, dont le col de peluche montait jusqu'à ses oreilles.

Le changement observé dans sa physionomie tenait sans doute à sa nouvelle coiffure. Elle avait perdu une partie de ses cheveux, à la suite d'une longue maladie ; ils étaient encore abondants, mais la lourde natte ondulée ne pendait plus sur ses épaules. Elle les relevait un peu haut et quelques frisons s'échappaient du chignon fait en forme de nœud. Le front, très-blanc, restait découvert, sauf vers les tempes où de petites mèches rebelles voltigeaient sans cesse.

Un naturel parfait, l'oubli de toute préoccupation d'elle-même dans les paroles et les gestes, tel était le secret du charme d'Anna.

On pouvait supposer, à certains moments, que la conversation ne l'intéressait guère, pourtant elle y mettait quand même de l'entrain, elle souriait, par amabilité et bonne éducation.

Ses vêtements l'entouraient de plis si gracieux que chacun paraissait étudié ; malgré cela il était évident qu'Anna ne s'arrêtait point à ces détails. Il fallait croire que d'elle-même l'étoffe se drapait amoureusement autour d'une si ravissante personne. Quand la jeune fille se retournait en marchant, le bord de sa robe se relevait légèrement pour retomber ensuite avec grâce sur les petits pieds chaussés de bottines grises, autre raffinement de toilette.

Caterina fut abasourdie et un peu humiliée. Angela, à son premier voyage, l'avait déjà habituée à son luxe et à son élégance, mais Anna, Anna !

Caterina allaitait son premier bébé, lequel était plutôt un peu laid, et très-méchant, disait-elle. De même que les premières caresses d'Anna avaient été pour Nennele neuf ans auparavant, elles furent, ce jour-là, pour le bambin, qui sourit immédiatement ; il parut alors presque joli.

Anna le prit dans ses bras pour le cajoler

— Laisse-le, dit Caterina, il te salira. Comme tu es devenue belle, Anna !

Elle examinait la voyageuse des pieds à la tête, de plus en plus étonnée, et Anna, de son côté, pouvait constater un changement notable chez la jeune femme. Celle-ci engraissait ; elle n'avait pas encore vingt ans et faisait déjà l'effet d'une matrone, vêtue, comme elle était en ce moment, d'une robe de chambre de flanelle, dont la forme, genre blouse, la grossissait encore.

Les deux cousines s'étaient toujours écrit, régulièrement.

Après les premiers mois de mariage, il était survenu, et il survenait périodiquement, de nombreux dissentiments entre les nouveaux époux. Comme Maria Fara, ni personne, du reste, ne soutenait Caterina, la capricieuse créature, très-excitée, confiait ses chagrins à Anna. Elle lui racontait les torts de son mari ; elle disait qu'il la rendait malheureuse, qu'il était égoïste et jaloux, vulgaire et orgueilleux ; qu'elle se repentait de l'avoir épousé ; et quelquefois elle allait jusqu'à reprocher à la pauvre fille d'avoir favorisé cette union. Anna lui répondait longuement, avec beaucoup de gentillesse et d'esprit, employant des mots si affectueux et si persuasifs qu'ils achevaient de la calmer. Car les lettres arrivaient presque toujours après une nouvelle bourrasque; Caterina avait déjà oublié ses fureurs précédentes.

Pourtant Anna ne lui donnait jamais raison; elle la grondait parfois, lui prodiguait les recommandations d'obéissance et de soumission.

Gonario, de même que toute la famille, lisait ces lettres et comprenait le bien qu'elles faisaient à Caterina.

— Si tu ressemblais à ta cousine! criait-il souvent à sa femme, quand il se sentait plus énervé par ses bizarreries de méchante enfant. Et le seul souvenir d'Anna paraissait apaiser les colères. Les yeux de Gonario avaient alors comme une expression de regret, dont nul ne s'apercevait; présente, Anna aurait répondu par un regard d'indifférence complète, indifférence née d'un profond dédain.

Après la naissance, un peu tardive, du petit Giovanni, il y eut un long armistice, qui paraissait devoir se changer en une paix définitive, lorsque tout-à-coup Caterina remplit ses missives de nouvelles jérémiades : Gonario la délaissait, il ne songeait qu'à s'amuser, il n'aimait pas le petit, il n'aimait personne...

— Que tu es heureuse! dit la jeune femme à sa cousine, en lui prenant de vive force le poupon. Tu as l'air d'une toute jeune fille et moi d'une vieille. Maudit soit le mariage ! Ne te marie jamais, ma chère Anna !

—Si je n'en ai pas l'occasion! riposta Anna en riant.

Puis elle réprimanda doucement Caterina, renouvelant ses conseils, donnant pour exemple le ménage d'Angela et de Pietro.

— Pendant mon séjour chez eux, je ne les ai jamais entendus s'adresser une parole vive. Ils se conduisent en vrais amis et comme des gens bien élevés.

— Mais Pietro n'est pas exigeant, dit Caterina ; c'est un chrétien et non une bête, comme certains autres...

Anna lui posa une main sur la bouche.

— Ecoute, dit-elle, les bêtes c'est nous autres femmes. Les hommes ont toujours raison, n'est-ce-pas, Giovanni ?... Elle sourit au bambin, en se penchant vers lui et mettant un doigt dans la fossette de son menton.

L'enfant répondit de nouveau à ses bonnes grâces.

— Pourquoi dis-tu qu'il est méchant, ce petit monsieur ? Regarde comme il fait risette, comme il est beau ! Il a l'air de dire oui, tu ne vois pas, sotte que tu es !

Anna s'agenouilla, découvrit les pieds de Giovanni, les prit dans ses mains et les caressa, tandis qu'il riait et poussait de petits cris d'oiseau.

— Relève-toi, dit vivement Caterina. Oui, je suis une sotte et Gonario a raison. Mais il me traite comme une enfant, c'est cela que je ne puis supporter...

— A cause de ceci, avec ceci, tu dois tout supporter! s'écria Anna, en baisant les mignons pieds roses (le bébé les remuait d'une manière adorable). Sois raisonnable, Caterina. Dans deux ou trois ans tu riras de toi-même. Tu pourrais être, ou plutôt, tu es si heureuse! Tu n'as jamais connu le malheur, autrement tu ne cesserais de remercier Dieu du bonheur complet qu'Il te donne!

Anna continua à sermonner ainsi la jeune mère, avec tant de conviction que Caterina se demanda si sa cousine n'avait pas toujours été heureuse. Où avait-elle acquis tant d'expérience ? Tout-à-coup Giovanni se mit à crier et de grosses larmes coulèrent de ses yeux.

— Tu le vois ! s'écria Caterina. Il est méchant, très-méchant !...

— Parce que sa mère est méchante !

Caterina baissa la tête sans répondre et Anna s'aperçut bientôt qu'elle pleurait aussi.

— Si tu restais avec moi, murmura-t-elle, je deviendrais bonne... peut être...

— Je resterai certainement...

Elles parlèrent ensuite de Cesario et de Sebastiano.

Ce dernier demeurait à San Giacomo. Il venait souvent à la ville, s'occupait des affaires de la maison, s'il y avait lieu, parce que Gonario Rosa s'en lavait les mains volontiers et que Paolo Velena était toujours absorbé par son négoce.

D'ailleurs, Anna savait toutes ces choses. Elle avait appris que Sebastiano s'était réconcilié avec sa famille et avec Gonario ; il avait même été le parrain du petit Giovanni.

Comme la plupart des avocats, Gonario et Cesario manquaient de clients. Le premier était assez riche pour s'en passer, mais Cesario Velena devait travailler et beaucoup, s'il voulait soutenir le luxe auquel il s'était habitué. Vivre aux dépens des siens, tandis que son père continuait un rude labeur, et après les sacrifices énormes auxquels on s'était résigné pour lui préparer une position brillante et indépendante, eût été chose vulgaire, indigne. Malgré son indolence, Cesario n'en eut pas seulement la pensée. Aux dernières élections, Gonario Rosa et Paolo Velena avaient procuré plus d'un millier de voix à un député ; grâce à l'influence et aux recommandations de ce personnage, Cesario fut nommé professeur de latin au collége d'Orolà. Pourquoi professeur de latin ? Anna n'aurait su le dire.

Cesario revint à la maison dans la soirée. Lui et Anna se revirent sans enthousiasme ; une sorte de froideur avait toujours régné dans leurs rapports.

Il sembla à la jeune fille que son cousin la regardait avec quelque dérision et défiance, sans doute en constatant la transformation qui s'était opérée en elle. Il espérait peut-être lui rendre les moqueries d'autrefois, mais Anna se garda bien de vanter la fameuse beauté des dames romaines, qu'elle avait pourtant vue et admirée, et le charme des villes du continent. Ou si elle en parla, ce ne fut pas pour déprécier

les pauvres maisons sardes et les petites
femmes aux grands yeux pleins de songes
bizarres. A son tour, elle observa l'altier professeur et, pendant les jours qui suivirent,
elle chercha à comprendre ce qu'il était maintenant.

En apparence Cesario était toujours...
Cesario : un homme fatigué, au visage pâle
devenu laid, et à l'éternel binocle contribuant
à rendre l'expression de ses yeux insaisissable.

Etait-il content ? Acceptait-il avec satisfaction et amour du devoir l'humble tâche qui
lui était dévolue ? Travaillait-il pour s'élever
plus haut ? Ne se sentait-il pas, au contraire,
vaincu et avili ? Anna savait combien d'orgueil et d'ambition il dissimulait, peu d'années
auparavant, sous un air sceptique et indifférent.

Plusieurs fois le jeune homme surprit le
regard de sa cousine fixé sur lui. Il crut y lire
une sorte de compassion et cela le fit rougir.
Anna s'en aperçut ; elle éprouva une grande
émotion et son bon cœur lui révéla bien des
choses. Les rougeurs de Cesario en disaient
long.

— Eh bien ! tu me prends en pitié ; que m'importe? Je devais finir ainsi, ce n'est pas ma faute. Oui, je le sais, j'ai dépensé presque un patrimoine ; j'ai passé mes plus belles années, non pas sans travailler, mais en consumant mes forces, parce qu'au labeur intellectuel se joignaient toutes les causes de perdition physique et morale. Et voilà où j'arrive... à un poste infime, dont les émoluments me suffisent à peine ; je profite encore du travail de mon père... Tu sais, cousine, combien d'hommes se trouveraient heureux à ma place ! Combien d'avocats dont les terres ont payé l'instruction, qui ont dévoré la petite fortune de leurs familles, et qui maintenant n'ont pas un client... combien de médecins, d'ingénieurs sans emploi... combien de pharmaciens qui bâillent sur la porte d'une boutique de village, parce que les paysans ne croient pas à leurs drogues... combien de notaires qui courent par monts et par vaux toute une journée, au risque même de se rompre le cou, pour gagner vingt francs ! Tous peut-être jeunes et beaux, élégants, instruits, distingués, ambitieux comme moi !

— Fais-moi le plaisir de ne pas me regarder ainsi ; je n'ai que faire de ta pitié, tout aimable qu'elle soit. Je sais ce que tu veux me dire, mais je ne sais si j'en suis content ou fâché. Je ne sais pas davantage ce qu'il adviendra de moi. Si j'ai de la volonté, si mes nerfs affaiblis me le permettent, j'aurai sans doute de l'avancement; mais pour qui et pour quoi devrai-je travailler? Je n'ai aucun idéal, je ne crois pas à l'amour, et pour la gloire je suis trop petit et insuffisant, bien que je me figure encore être un grand personnage! Tu connais mon orgueil. Je resterai plutôt ici toujours, sans but, m'efforçant de vivre le mieux possible, attendant une heure qui n'arrivera jamais. Une grande misère, n'est-ce pas, cousine? Oui, oui, écoute, ce que je te dis n'est pas l'entière vérité. Tout au fond de moi-même il y a autre chose. Tu le comprends, donc c'est inutile que je m'en défende. Oui, je suis humilié, mais je ne veux pas en convenir, et je suis plus fier que jamais dans mon abaissement. Je suis ambitieux, mais j'espère peu de l'avenir. Je souffre parce que j'ai fait fausse route, mais je veux paraître indifférent à moi-même. Je suis un être éternellement mécontent de lui et des autres, tu entends, qui ne veut ni ne peut vivre comme tout le monde. Mais, je te le répète, garde ta sympathie; je ne désire celle de personne et je demande encore moins la tienne. Ou bien, sois bonne, plains-moi un peu sans me le faire connaître ; autrement j'ai le droit de m'en offenser et de te dire que tu es une sotte !

Après avoir eu l'intuition de tout cela, Anna ne regarda plus Cesario de manière à le faire rougir.

Vers le milieu de mai, Angela partit avec son père et Anna pour San Giacomo.

Le voyage pouvait très-bien se faire en voiture jusqu'au village voisin, d'où l'on montait ensuite à pied, mais la signora Demeda préférait aller à cheval.

Depuis sa fameuse chute elle ne s'était plus offert le plaisir de l'équitation, et pour Anna aucune occasion ne s'était présentée d'exercer ses talents d'amazone, à partir de ce jour. Après une vive discussion, Angela eut gain de cause.

On choisit deux bonnes cavales noires, de ces minuscules bêtes sardes très-douces, à la forte encolure et à l'allure paisible, dites *achettas*, et le voyage s'accomplit heureusement.

Au début, Anna, devenue peureuse, poussait de petits cris. et lorsqu'on fut arrivé près d'un précipice. en un lieu où commençaient les rudes montées. elle prit une grande résolution. Elle se mit à la sarde, c'est-à-dire, à califourchon sur sa monture, et elle ne craignit plus rien.

Cette manière de chevaucher est un peu ridicule. surtout pour une jeune fille. mais elle est la plus sûre et la plus rationnelle.

Angela. après avoir ri de sa cousine. adopta le même système. voyant qu'elle courait trop le risque de faire la culbute sur ces pentes escarpées et bordées de précipices. où de grosses touffes d'herbe se mêlaient au thym sauvage.

Parvenue au sommet du plateau. Anna galopait un moment et s'arrêtait ensuite pour attendre ses compagnons. Elle admirait le paysage. dont elle comprenait si bien l'étrange poésie. Une brise délicieuse. embaumée par l'odeur des plantes marécageuses et du thym. passait sur sa tête et faisait voltiger doucement ses cheveux. Que de souvenirs apportait le vent des montagnes ! que d'espérances et de songes dans ces parfums !

Sous un soleil brillant. les oiseaux s'envolaient par bandes des buissons reverdis et fleuris ; ils montaient en chantant vers le ciel. Paolo aurait aimé à chasser un peu, il n'y renonçait que pour ne pas retarder l'arrivée.

A un moment où Anna était en avant, lui et Angela commencèrent à parler d'elle et de Sebastiano.

— Une âme droite ! dit Paolo, en regardant d'un air ému la silhouette de la jeune fille.

Il avait beaucoup vieilli ; il était devenu chauve, ses yeux, très-doux, s'enfonçaient peu à peu ; mais une grande énergie se lisait encore à travers les rides de son visage toujours coloré.

Angela s'exprimait, en parlant de sa cousine, avec un sorte de respect et d'admiration.

— Malgré tout, dit-elle en terminant, elle est encore bien jeune ! Le moindre incident la trouble, mais elle se remet vite, en disant : Puisque la vie doit finir, pourquoi nous tourmenter ainsi ? Si chacun se rappelait que toute chose est vaine et passagère, combien de maux évités et comme tout irait mieux en ce monde !

Angela sourit en racontant cela et son père continua à regarder tendrement Anna. Il en savait peut-être plus qu'il ne laissait voir, car il demanda si Sebastiano lui écrivait souvent.

— Oui, répondit Angela. Très-rarement d'abord et elle-même n'écrivait pas. Elle restait indifférente, parfois visiblement ennuyée. Mais après sa maladie ce fut une correspondance régulière chaque semaine.

— La lisais-tu ?...

— Hum ! fit Angela, en secouant la tête. Anna me donna à lire les premières lettres et je compris parfaitement que Sebastiano était amoureux. Je tombai des nues ! Ensuite elle n'en montra aucune et je n'ai jamais pris la liberté... vous pensez bien... puisqu'il s'agissait de lui. Elle me disait seulement : Sebastiano m'a écrit, il vous envoie ses compliments.

— Je crois, ajouta Angela, avec un demi sourire, qu'Anna ne reviendra pas avec moi, bien qu'on l'attende...

— Qui est-ce qui l'attend ? demanda Paolo, pendant qu'il se baissait pour rajuster un des étriers d'Angela.

Il se rappela aussitôt ce que sa fille lui avait communiqué peu de temps auparavant : un jeune employé sarde, qui fréquentait la maison Demeda, avait demandé Anna en mariage. Elle l'avait refusé, mais, comme tous les Sardes sérieusement épris, il ne s'était pas tenu si vite pour battu.

— Il est laid ? interrogea Paolo.

— Non pas ! C'est un beau garçon, élégant et brave. Il appartient à une bonne famille de Cagliari. Mais Anna ne reviendra pas... certainement elle ne reviendra pas... répéta Angela, en branlant la tête.

— Cela te déplaît ?

— C'est selon...

— Sebastiano paraît original, reprit Paolo, après un moment de silence, en réalité il ne l'est pas. Ta mère, tu le sais, voulait le marier avec Sidra... qui est riche... et puis... Peu importe, du reste ; Sebastiano deviendra riche sans faire un brillant mariage...

— De quoi causez-vous ? interrompit Anna, qui revenait en arrière, pour se réunir à son oncle et à sa cousine. La route est-elle encore longue ? Je n'en puis plus.

— Va doucement, dit Angela, et couvre-toi la tête, je te prie. Tu attraperas un coup de soleil ; tu as déjà la figure écarlate et toute marbrée.

— Ce n'est rien ; une branche m'a frappée au visage, répondit Anna, en passant la main sur son front et sur ses cheveux ébouriffés par le vent.

Paolo insista aussi pour qu'elle remît le fichu de soie blanche, qui avait glissé sur ses épaules.

On arriva vers le soir.

Anna ne vit d'abord qu'un mur élevé, long à l'infini. Une barrière de fer laissait entrevoir une allée pierreuse, et au-delà d'un second mur se dressait la façade d'une église byzantine.

Le calme et le silence régnaient partout. Le paysage prenait des teintes uniformes aux lueurs du crépuscule. A l'occident les bois d'un vert sombre se dessinaient sur l'émail doré de l'horizon, tandis qu'à l'est et au nord montagnes et buissons semblaient se perdre dans l'azur mourant du ciel.

Anna eut une sensation de froid et son visage fatigué devint pâle.

Paolo descendit de cheval et poussa la barrière, qui s'ouvrit en grinçant.

Une jeune fille en costume de paysanne parut au bout de l'allée, puis s'éclipsa, et aussitôt Sebastiano accourut, l'air tout effaré, quoiqu'il fût averti de cette visite depuis quelque temps.

— Oh ! bonjour... s'écria-t-il, les bras tendus, comme pour les embrasser tous à la fois. Oh ! Angela, papa...

Anna restait en dehors de la barrière, mais Sebastiano devinait sa présence.

— Bonjour ! répondit Angela, en mettant pied à terre avec l'aide de son père. Comment vas-tu ?

— Bien, très-bien... Oh ! Anna ! dit Sebastiano.

Tout son cœur passa dans ce mot.

La jeune fille venait d'apparaître ; elle sourit et s'inclina, en s'apprêtant à quitter sa monture. Depuis longtemps déjà elle s'était de nouveau assise à l'anglaise.

Son cousin la reçut dans ses bras et l'étreignit follement contre sa poitrine ; non moins émue que lui, elle rougissait et tremblait comme une feuille.

Sebastiano avait réalisé son beau rêve d'une campagne cultivée et productive.

L'église de San Giacomo était transformée en une habitation de colons, demeure un peu étrange et pittoresque dans l'ensemble, et qui frappa vivement l'imagination d'Anna. Elle s'était figuré un bâtiment uniforme et blanc, bien que l'heureux propriétaire lui eût écrit comment sa maison s'élevait sur les restes d'une église.

A la vérité, il n'existait plus que la façade, dont l'aspect était aussi considérablement changé par des fenêtres et par une porte avec quelques marches. Deux groupes de maisonnettes avaient été construits sur les flancs de l'ancien édifice. Les toits de tuiles sardes bien cimentées de chaux ; les balcons de fer et de bois ; une terrasse avec balustrade en briques, de grandes croisées munies de barreaux ; des escaliers extérieurs ; des galeries et une espèce de portique devant la cour ; tout cela composait un ensemble fantastique et sans ordre apparent. L'intérieur, au contraire, était parfaitement aménagé.

Outre l'appartement du maître, avec annexe pour son service particulier, il y avait deux grandes cuisines au rez-de-chaussée, des chambres pour les domestiques mâles et une pour les servantes, des caves encore vides, des magasins, des entrepôts et greniers.

La basse-cour se composait d'une quantité

de poules, oies et canards, et deux énormes porcs grognaient dans leur étable.

Sebastiano était encore à ses débuts, pour certaines choses : les chambres désertes n'étaient pas gaies à voir ; en parcourant les caves on pouvait trouver présomptueux l'espoir de les garnir bientôt.

En 1893 les greniers seuls, malgré une horrible disette, s'étaient remplis de blé, d'orge, de fèves et autres légumes secs, dont la vente commencée forcément dès l'hiver, quand les denrées n'ont pas encore atteint leur plus haut prix, avait payé au moins une partie des dépenses. Mais celles-ci allaient toujours en augmentant.

Paolo Velena avait dit à Sebastiano :

— Je te donnerai une somme égale à celle que les études de Cesario m'ont coûtée.

Quoique le chiffre en fût élevé, cette somme ne devait pas suffire. Rien que pour les murs il avait fallu plusieurs centaines d'écus.

— Pourtant, dit Sebastiano à sa sœur, lorsqu'il lui fit visiter la ferme, le lendemain de son arrivée, c'est la canalisation des eaux et les vasques qui ont absorbé le plus d'argent.

Il lui expliquait tranquillement toutes

choses, pendant qu'Anna, déjà informée probablement, les suivait sans mot dire.

Devant la maison, de chaque côté de l'ave-
nue qui conduisait à la barrière, il y avait
les jardins potagers et autres, le tout parfaitement arrangé et fumé.

— Une grande dépense aussi celle-là? demanda Angela.

— Non. Le transport eût été couteux, mais
j'ai mes domestiques.

Ceux-ci étaient au nombre de trois : un père
et ses deux fils, paysans robustes, connaissant
bien leur métier, et qui travaillaient toute la
sainte journée sous le regard du maitre.

Ils avaient, pour eux trois, seize cents francs
par an, les souliers, le logement et la nourri-
ture.

Deux servantes complétaient la petite colo-
nie. Une toute jeune était la sœur des deux
garçons ; l'autre, une brave domestique des
Velena, ménagère consommée et honnête,
était presque vieille. Il n'y avait donc pas à
craindre les idylles dans la nouvelle et tranquille demeure patriarcale.

Sebastiano, aidé des conseils de ses parents,
avait ainsi organisé sa maison après mûre
réflexion.

— Ne prends pas trop de gens, lui disait Paolo Velena. Une personne bien commandée fait plus sous des ordres précis que cent individus mal dirigés.

La vigne avait été plantée à l'*invite*; c'est-à-dire, tous les campagnards employés par la maison Velena avaient donné leur travail à un jour dit, sur invitation. Comme récompense on leur avait servi de pantagruéliques festins. Pour le greffage des oliviers sauvages on avait usé de la même coutume.

Sebastiano conduisit lentement sa sœur et sa cousine à travers toutes ces merveilles. Dans les allées de la vigne et des jardins, partout, de petits arbres fruitiers, hauts d'un mètre ou deux a peine, dressaient leurs jeunes branches pleines de vigueur.

Une rangée d'abricotiers attira surtout l'attention d'Anna. Il n'existe certainement pas un arbre plus délicat et plus poétique. Les feuilles diaphanes offraient une charmante gradation de teintes rouges, et les rayons du soleil les faisaient ressembler à des fleurs bizarres et jolies.

Sur la rive du torrent endigué, les saules avaient poussé merveilleusement. Ils s'inclinaient doucement et la rosée qui couvrait leur feuillage, tombait comme une pluie de perles dans l'onde claire. Plus loin, les maquis de lauriers-roses, respectés par les cultivateurs, formaient des îles délicieuses, où l'eau coulait sans entraves, avant de passer près d'un champ de lin. Parmi ces arbustes Sebastiano chassait tous les jours les perdrix et autres oiseaux qui composaient infailliblement une partie de son dîner. Au-delà du ruisseau s'étendait un bois d'amandiers.

Ici et là c'étaient des files de jeunes figuiers d'Inde, ou de groseillers pittoresquement entremêlés de cannes, que le soleil faisait reluire.

Un véritable enchantement.

— C'est la bénédiction de Dieu qui pleut sur cette terre, dit Angela, remplie d'admiration.

En effet, des chênes aux figuiers, à la vigne et au lin, tout prospérait sur ces hauteurs !

Seuls les orangers et les palmiers, plantés en différents endroits, comme essai, n'avaient pas résisté, parce que l'air était parfois trop piquant et que pendant l'hiver la neige tombait en abondance. Cependant, Sebastiano ne désespérait pas encore de faire pousser au moins les orangers, puisque le terrain convenait aux réglisses et aux néfliers.

A table Angela souleva une question très-importante.

— Et les voleurs? demanda-t-elle. Ne peut-on redouter un vol à main armée?...

Son frère répondit en souriant :

— Cela arrive où il y a de l'argent; il n'y en a pas ici. Quant aux larrons ordinaires, nous ne les craignons point. N'as-tu pas vu les chiens?

Ceux-ci, très-rassurants, en effet, étaient trois splendides molosses, qui avaient coûté fort cher et mangeaient comme six personnes. Pendant la nuit ils faisaient bonne garde.

— Ils ont le flair pour connaître les voleurs, continua Sebastiano, et ils sont capables d'en égorger une compagnie.

La maison était suffisamment défendue par les murs de la cour et du jardin; la crête en était garnie de verre brisé, pour plus de sécurité. Enfin les trois domestiques savaient manier un fusil.

— Et regarde donc ! s'écria finalement Sebastiano, en montrant une des parois.

La salle à manger, un peu singulière comme tout le reste de la maison, ressemblait à une salle d'armes. Elle était ornée de tapis faits avec des peaux de sangliers et de mou-

flons, bordées d'étoffe rouge, et auxquelles on
avait laissé les cornes. Des fusils de différents
genres étaient pendus aux murs, avec des re-
volvers et des pistolets, des arquebuses sardes, des estocs, enfin toutes les armes nouvelles et anciennes que Sebastiano avait pu découvrir chez lui et ailleurs.

Des cors de chasse, des boîtes à poudre, des
leppas ou longs couteaux sardes, dans leurs
étuis de cuir noir, complétaient les panoplies.

C'était un des cors que Sebastiano indiquait.

— Le maréchal-ferrant du village me l'a
donné, en disant: Si par hasard vous avez
besoin de nous, employez ceci.

Le village était proche.

Deux jours après, Angela voulut y aller,
accompagnée de son père et de la jeune servante. Anna resta à San Giacomo et babilla
tout l'après-midi avec l'autre domestique,
tante Mattoï (Maria-Antonia), occupée à préparer de la farine.

— Non, disait cette femme, en continuant
son travail, nous ne faisons pas du pain d'orge,
nous mangeons du pain de farine de blé. Il
est plus profitable, quoi qu'on en dise.

— Vous employez le blé noir, bien entendu?

— Certainement. La semoule ou fleur de

farine est réservée pour le maître, qui, d'ailleurs, ne dédaigne pas notre pain.

Et tournant ses regards du côté de la porte, où Anna se tenait assise, avec un bâton à la main pour éloigner les poules, la bonne femme leva les yeux au ciel et se mit à raconter les miracles de Sebastiano et son genre de vie.

Il travaillait tout le jour avec ses paysans et menait une vie austère. Très-sobre et très-facile à contenter, il préférait aux mets recherchés l'herbage, les légumes et les œufs, accompagnés de quelques tasses de vin et de café. A dîner les plats de viande étaient presque toujours composés du gibier qu'il avait tué ou d'une volaille.

Tante Mattoï faisait la cuisine ; sa compagne cousait et repassait. Pendant les heures qui restaient libres, elles étaient employées aux travaux des champs.

— Vous êtes contentes ? demanda Anna.

— Lisendra (Alessandra) murmure quelquefois ; elle est jeune, vous comprenez, elle est ennuyée de voir si peu de monde, mais moi !...

Les yeux de tante Mattoï exprimèrent un bonheur parfait. Elle ajouta à voix basse :

— C'est le paradis…

Le bruit monotone du crible qu'elle manœuvrait habilement, empêcha presque de l'entendre.

Elle raconta ingénûment beaucoup d'autres choses.

De temps en temps la signora Maria ou Lucia venaient à San Giacomo, pour inspecter la maison : elles la trouvaient dans un ordre parfait. Les serviteurs, il est vrai, étaient des personnes de confiance, mais le moindre désordre était impossible avec Sebastiano.

— Une bonne tête ! une âme droite ! conclut tante Mattoï, employant sans le savoir la même expression que Paolo pour Anna Malvas.

Anna tomba dans une profonde rêverie, bercée par le bruit continu et rythmé du crible et le gloussement des poules, qui de loin regardaient la nouvelle venue avec un seul de leurs yeux roux et ronds. Quelques-unes entrèrent sans qu'elle s'en aperçût.

— Dehors ! dit vivement tante Mattoï, en agitant les mains. Anna parut s'éveiller ; elle chassa les impertinentes, puis elle demanda :

— Où fait-on moudre le blé ?

— Dans le village. Nous faisons le pain

chaque mois et alors il faut descendre là-bas. C'est un ennui, mais nous espérons qu'il cessera bientôt.

— Comment ?

— Aussitôt que les oliviers commenceront à porter des fruits, le maître fera venir un moulin à vapeur (tante Mattoï disait *vopeur*). Il l'établira sur les confins du champ d'oliviers, où passe la route du village. En hiver on pourra moudre toutes *nos* olives et celles des gens du pays ; le reste de l'année on moudra le blé et l'orge.

— Reste à savoir si on viendra de là-bas ! observa Anna, qui connaissait déjà ces détails.

— Oh ! ils viendront, pour sûr ! répliqua la servante, qui avait une foi aveugle dans chaque entreprise de son maître. Ils viendront même des autres villages, parce que ce sera fait à moitié prix et promptement, tandis qu'il faut des journées entières pour moudre vingt-cinq litres de grain, avec les meules tirées par des ânes. Chaque fois que je vais chez eux, ils me questionnent tous : Le moulin n'arrive donc pas encore ?

Après avoir longuement discouru, tante Mattoï dit à Anna :

— Votre oncle a donné à Sebastiano la forêt

entière de San Giacomo avec beaucoup, beaucoup d'argent comptant ; après sa mort, que
Dieu garde lointaine ! Sebastiano ne recevra
rien de l'héritage paternel. Il lui restera seulement la ferme de San Giacomo.

— C'est impossible ! s'écria Anna. Elle voyait
là une injustice, en se rappelant les dépenses
faites pour Cesario. Mais la vieille femme lui
certifia la chose.

— Il faut vous dire que ses parents lui aident
encore beaucoup. Ils lui envoient force provisions et il en sera ainsi tant que le domaine
ne produira pas toutes choses. Vous savez,
d'ailleurs, ce que c'est : de l'huile, du vin et du
fromage. Le reste on l'a déjà.

— J'ai vu une cabane et des bergers, reprit
Anna, pour savoir jusqu'où allait la compé-
tence de tante Mattoï. Les troupeaux ne sont
donc pas à mon oncle ?

— Non, les pâturages sont loués. Le maître
voulait acheter des troupeaux, son père l'en
a empêché. Croyez-moi, il est plus avanta-
geux de louer les pâturages.

Anna vit que la domestique savait tout et
elle ajouta en souriant :

— Sebastiano cause-t-il souvent avec vous ?

— Oui, certes ! Je l'appelle « mon fils » et

Lisendra assure qu'il m'aime bien. — Si vous permettez, je vais maintenant vous faire une question ! s'écria tout-à-coup tante Mattoï.

Depuis deux jours elle brûlait du désir d'interroger Anna. La bonté et l'affabilité de la jeune fille l'encourageaient.

— Parlez, tante Mattoï !

— Est-il vrai que vous êtes la fiancée du maître ?

Anna rougit et détourna la tête en riant.

— Qui vous l'a dit ? demanda-t-elle.

— Lisendra, et moi aussi j'ai vu...

— Quoi donc ?

— C'est-à-dire, j'ai compris... Vous m'excuserez, si je vous le raconte ?

— Dites toujours ! répondit Anna, en jouant avec son bâton. Elle était si troublée qu'il y eut une seconde invasion dans la cuisine.

— Maudites bêtes ! cria tante Mattoï, elles ne me laissent pas en paix un moment. *Usciu, usciu, su tussiu bospicchet!* « *Usciu* (1), *usciu*, que la toux vous prenne ! » — Eh ! c'est bien simple. Le maître vous nomme constamment ; il est visible qu'il ne pense qu'à vous...

Anna se leva pour chasser les poules ; elle

(1) Sorte de cri pour chasser les poules.

retira ensuite sa chaise et ferma la porte, afin de les empêcher d'entrer encore. Tante Mattoï la regarda timidement, comme une chose sainte, et elle continua :

— Vous êtes une dame, peut-être croiriez-vous être mal ici ; vous y seriez, au contraire, si bien !

Comme Anna faisait mine de s'en aller, elle reprit vivement :

— Vous êtes fâchée ?

— Pas du tout, tante Mattoï !

— Alors, pourquoi ne me répondez-vous pas ?

— Demain je vous répondrai, demain !

Et Anna partit en riant gentiment. Tante Mattoï resta toute confuse de sa hardiesse et joyeuse en même temps, car l'attitude de la jeune fille lui semblait assez explicite.

Lorsque Sebastiano revint, vers le soir, il vit Anna à sa fenêtre.

— Comment! cria-t-il, en soulevant son chapeau de paille blanche à larges bords. Tu n'es pas allée avec mon père et Angela ?

— Non ; n'avais-je pas dit que je resterais ?

— Eh bien ! descends, nous irons à leur rencontre. Je crois qu'ils seront bientôt de retour.

Anna se retira immédiatement de la croisée et parut au haut du petit escalier. Sa robe, très-simple, en satinette presque blanche, rappelait vaguement le fameux et inoubliable costume aux bouquets de marguerites. Le corsage légèrement décolleté, avec un revers de dentelle et les manches courtes retombantes, entrait sous la ceinture lacée derrière ; la jupe, un peu longue, était ornée au bas d'un petit volant.

Anna se mit au cou un fichu de soie blanche, qui pouvait lui couvrir la tête au cas où le vent fraîchirait, et ils partirent.

— Allons-nous loin ? demanda-t-elle.

— Non, jusqu'au chemin. Tu t'es ennuyée, Anna ?

— Nullement. J'ai bavardé avec tante Mattoï. Quelle brave femme !

— Oui, une bien brave femme.

Pendant longtemps ils cheminèrent à travers le jardin potager, aux luxuriantes verdures, et la vigne. Un des trois serviteurs arrosait. L'eau, qui serpentait à travers les sillons, miroitait sous les doux rayons du soleil couchant, et la fraîche odeur des petites plantes de basilic semblait être le parfum de l'eau.

Les deux autres domestiques achevaient de tracer un sentier le long d'une rangée de ceps. Au-delà c'était le champ de fèves, qu'Anna traversa tout entier, pendant que Sebastiano suivait un des côtés.

Les hautes plantes d'un gris argenté arrivaient jusqu'aux épaules de la jeune fille et ondoyaient sans bruit autour d'elle. Les pavots et les marguerites mettaient une note gaie çà et là ; Anna en cueillit un bouquet pour le mettre à sa ceinture.

Ils traversèrent ensuite les champs de blé et d'orge, vraiment splendides. Eux aussi avaient des reflets argentés, mais les ondes n'étaient plus silencieuses : le frôlement des épis ressemblait à une douce mélodie. Que de poëtes n'ont jamais écouté le chant des épis encore verts sous le soleil de mai !

En entrant dans le bois, le bord de la robe d'Anna était légèrement froissé, mais elle n'y prit point garde. Elle était toute au charme de sa promenade.

Là commençait un sentier qui traversait ensuite les pâturages. Les chênes, aux feuilles nouvelles, et les arbres fleuris inclinaient leurs branches sur le passage des deux jeunes gens. Vu à travers la molle délicatesse de ces feuilles, qui ne sont ni vertes ni jaunes, mais qui réunissent tous les tons de l'émeraude, de la cendre et de l'or, le ciel paraissait plus bleu, plus diaphane. Il prenait cette teinte particulière, joie et tourment de l'âme observatrice passionnée de la nature, qui voit au-delà l'Infini.

Les oiseaux cachés dans les arbres célébraient le soleil mourant. Leur gazouillement rappelait le murmure des fontaines et le trille de mandolines lointaines; on croyait, en l'entendant, respirer le parfum des cyclamens et des lierres baignés par la rosée.

Anna et Sebastiano avançaient toujours sans parler.

Après avoir suivi un petit chemin de traverse, ils arrivèrent inopinément aux confins du bois, près d'un mur peu élevé et couvert de mousse, qui les séparait du champ d'oliviers.

— Es-tu fatiguée? demanda Sebastiano.

La marche avait amené de vives couleurs au visage d'Anna, et elle était, en effet, un peu lasse.

Son cousin la fit asseoir et prit place auprès d'elle.

Le soleil avait disparu ; de larges bandes d'or, ourlées de rose, resplendissaient au-dessus des montagnes ; la brise avait cessé et déjà commençait la grande paix du soir.

Les oliviers, au feuillage cendré, très-petits encore et délicats, s'inclinaient sur la pente du coteau, comme les rejetons d'arbustes nains ; Sebastiano les regarda avec amour et il indiqua à sa compagne l'endroit où il établirait son moulin.

Après un moment de repos, les deux promeneurs continuèrent leur route, en parlant de Lucia et de Cesario.

Ils pensèrent, sans le dire, que l'ambition avait égaré le frère et la sœur, car Lucia risquait de rester fille et Cesario n'était certainement pas satisfait de sa position.

— Il se moquait de moi, te souviens-tu ? s'écria Sebastiano. Je crois pourtant avoir mieux réussi que lui. Avant qu'il devienne professeur d'Université, je serai très-riche.

— J'espère, dit encore Sebastiano, que dans cinq ans, si Dieu me prête vie, San Giacomo rendra de quoi entretenir luxueusement dix familles.

Anna poussa une exclamation de surprise.

— Cinq ans ! c'est trop tôt, répliqua-t-elle ; peut-être dans dix.

Ils se turent de nouveau. Sebastiano marchait lentement, en ayant soin d'écarter les grandes herbes fleuries, pour faciliter le passage de sa cousine.

De temps en temps, Anna portait ses regards au loin, comme pour chercher à découvrir son oncle et Angela ; en réalité, elle ne pensait qu'à Sebastiano ; elle l'admirait avec sa mâle figure de travailleur et ses mains hâlées, son regard rayonnant de force, de jeunesse et d'amour !

Il était tard lorsqu'ils arrivèrent au terme de leur promenade. La nuit venait et les lueurs dorées du couchant se fondaient en nuances claires splendides.

C'était la paix lumineuse du firmament, avec ses horizons immenses et ses promesses de bonheur infini.

Sebastiano comprenait-il la poésie de cette heure charmante ? Anna l'ignorait, mais elle en était elle-même toute pénétrée.

Une petite barrière de bois séparait le sentier d'une sorte d'esplanade close par le mur, et d'où le regard embrassait toutes les plaines d'alentour.

— On ne les voit pas, dit Anna. Nous rentrerons bien tard.

— Cela ne fait rien, la lune nous éclairera.

Anna s'appuya au mur et se mit à contempler au-dessus d'elle le bois d'oliviers.

— Comme tu as travaillé, Sebastiano ! dit-elle à voix basse. Es-tu content ?

Sebastiano s'assit à côté d'elle et inclina silencieusement la tête.

— J'ai apporté tes lettres, poursuivit-elle, en tremblant un peu. Aujourd'hui, je les ai toutes relues.

Il ne parlait toujours pas ; elle s'arrêta, presque confuse. C'était étrange. Sebastiano ne trouvait donc plus rien à lui dire, maintenant qu'elle était près de lui et qu'elle voulait lui répondre comme il le désirait ?

— Oui, s'écria-t-il enfin, rouge d'émotion, j'ai travaillé et je travaillerai encore, toujours, jusqu'à la mort !

Puis il continua avec amertume :

— Mais tu repartiras, et moi... je n'aurai même plus la consolation de t'écrire... .

Anna ne le laissa pas achever. Elle lui tendit les mains en souriant et laissa tomber de ses

lèvres le mot qu'il n'avait osé espérer :

— Je resterai !

Sebastiano se dressa d'un bond, comme effrayé de son bonheur. Il attira vivement la jeune fille à lui et la regarda avec une sorte d'angoisse.

Anna comprit alors combien il avait souffert, mais dans une seule parole encore elle trouva le secret de lui faire tout oublier.

— Je t'aime ! dit-elle tendrement.

Et ces deux âmes, droites et bonnes, s'unirent ainsi pour toujours.

FIN

TABLE

74.612. — Imp. P. LEGENDRE & Cᵉ, Lyon.